*SOUS PRESSE.*

# LES DAMES DE LA COUR.

## MADEMOISELLE DE CHAROLAIS

ET

## LA MARQUISE DE PRIE.

1722-1750.

## LA PRINCESSE DE LAMBALLE.

ET

## MADAME DE POLIGNAC.

1778-1795.

4 beaux volumes in-8.

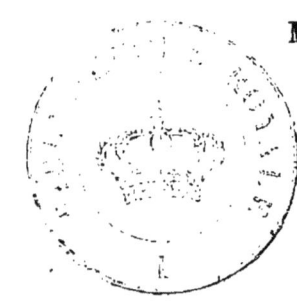

## Prospectus.

Les hommes d'état n'ont point manqué d'historiens dans ces derniers temps, et, grâce aux nombreux Mémoires publiés en France depuis une quinzaine d'années, les grandes figures du XVIII<sup>e</sup> siècle nous sont connues; leurs vices et leurs vertus, les dilapidations dont ils se rendirent coupables, leurs bienfaits envers l'humanité, et les évènemens dans lesquels ils figurèrent, tout cela a été consigné dans d'innombrables volumes qui, tour à tour, ont occupé l'attention publique.

Mais jusqu'à présent on avait dédaigné de peindre et de retracer les principaux caractères des femmes de la Cour qui influèrent par leur esprit ou leur beauté sur les affaires publiques; et si on excepte *la Pompadour* et *la Dubarry*, ces deux maîtresses du bon roi Louis XV, qui ont laissé de *prétendus Mémoires authentiques*, toutes les autres sont restées dans l'oubli.

Cette lacune, nous venons la remplir.

Loin de nous la pensée de nous présenter avec des témoignages apocryphes, et de dire: Le livre que nous publions a été écrit sous la dictée des personnages dont il retrace la vie! Ce sont d'importans, de précieux papiers de famille, achetés au poids de l'or, que nous livrons à la publicité! Non, LES DAMES DE LA COUR ne seront pas de la famille de ces *véridiques* Mémoires, et le public, bien instruit de toutes ces supercheries mercantiles, ne pourra nous répondre: Vous avez menti à vos promesses! car nous ne nous targuons point de *documens officiels* pour recommander notre publication à l'attention des lecteurs éclairés.

Le XVIII<sup>e</sup> siècle est assez riche d'événemens et de faits qui sont de nature à intéresser vivement la curiosité publique, sans y ajouter de mensongères anecdotes, de fausses révélations.

Nos DAMES DE LA COUR présenteront deux périodes. La première comprendra les dernières années du règne de Louis XIV, les premières de la libertine régence et le ministère du duc de Bourbon, de ce descendant des Condé, qui associa une femme adultère, la marquise de Prie, à sa vie d'homme public.

Quel plus vaste champ pouvait être offert à l'observateur, à l'écrivain consciencieux ! L'hypocrisie impatronisée par madame de Maitenon à la cour de Louis XIV faisant place aux joyeuses orgies du régent, à cette vie libre qu'on ne se donnait même pas la peine de déguiser sous d'honnêtes apparences ! La licence avec tous ses débordemens, la philosophie avec toutes ses erreurs et le vice dans son horrible laideur; puis après, une effroyable banqueroute qu'on chercha à rendre moins désastreuse par des moyens que le pouvoir absolu mettait en œuvre sans honte ni remords; des conversions de rente, l'opération du *visa* qui anéantissait tous les billets de la banque écossaise dont l'origine paraissait suspecte, et tous ces évènemens traversant l'époque la plus galante, la plus fastueuse de notre histoire.

Une bonne fortune de grand seigneur, l'enlèvement d'une petite bourgeoise, les infidélités et les caprices ruineux d'une fille d'Opéra occupaient alors l'attention à peine distraite par les opérations financières des frères Pâris et les malheurs qu'entraînait le système de l'écossais Law.

Notre seconde période embrasse le règne de l'infortuné Louis XVI, roi faible et traîtreusement conseillé, martyr qui expia sur un échafaud les crimes de ses conseillers.

Pauvre aristocratie ! que de fautes tu commis alors. Tu laissas égorger de nobles victimes, et le nom de la princesse de Lamballe se présente au milieu de cet holocauste que de sévères républicains crurent nécessaire pour sauver la France ! A de brillantes fêtes, succédèrent d'horribles assassinats, à un calme trompeur d'affreux bouleversemens. Le peuple en guenilles mit le pied dans de royales demeures, et cette soif d'égalité qui dévorait la nation française, enfanta des actions barbares et sublimes, fit éclater des dévoûmens héroïques, et des haines profondes. Au dénonciateur qu'un vil intérêt animait, on peut opposer d'honnêtes personnes se vouant à une mort certaine pour arracher au glaive de la loi, d'innocentes jeunes filles, de tendres femmes dont l'unique crime était d'avoir un nom illustre.

Ce fut une grande époque, malheureuse et énergique tout à la fois, sublime et vindicative, mais dramatique surtout, et c'est sur le point de vue moral que nous l'avons parcourue, laissant à des plumes plus exercées que la nôtre le soin d'approfondir les causes qui amenèrent 89 et 93 ! A nous, il restait à peindre les mœurs régénérées de la cour de Louis XVI, les tentatives de réforme et d'économie qui ne furent essayées que dans le silence du cabinet; l'intérieur de la cour, et l'attitude pleine de dignité que le tiers-état prit à cette époque, n'est pas une des choses les moins curieuses à observer; et nous le répétons, nous nous sommes efforcés de peindre avec fidélité l'époque que nous retraçons, sans vouloir faire un appel aux passions politiques, sans chercher à froisser les convictions de qui que ce soit, et nous avons pris pour devise : La vérité quand même!

La première livraison paraîtra fin avril 1837.

LAGNY — Imprimerie d'A. LE BOYER et C.

# BONAPARTE
## ET
## LE DOGE.

# Nouvelles publications

## ŒUVRES DE M. TOUCHARD-LAFOSSE.

CHRONIQUES DES TUILERIES ET DU LUXEMBOURG.
4 vol. in-8.     30 fr.
LES RÉVERBÈRES, chroniques de nuit du vieux et du nouveau Paris, 6 vol. in-8.     45 fr.
LES JOLIES FILLES, 2 vol. in-8.     15 fr.
MARTHE LA LIVONIENNE, 2 vol. in-8.     15 fr.
LE BOSQUET DE ROMAINVILLE, 2 vol. in-8.     15 fr.
LA PUDEUR ET L'OPÉRA, 4 vol. in-12.     12 fr.
LES AMOURS D'UN POÈTE, 2 vol. in-8.     15 fr.
RODOLPHE OU A MOI LA FORTUNE, 2 vol. in-8.     15 fr.

## ŒUVRES DE M. DE LAMOTHE-LANGON.

MADEMOISELLE DE ROHAN, 2 vol. in-8.     15 fr
L'AUDITEUR AU CONSEIL D'ÉTAT, 2 vol. in-8.     15 fr.
CAGLIOSTRO, 2 vol. in-8.     15 fr.
MONSIEUR ET MADAME, 2 vol. in-8.     15 fr.
LA FEMME DU BANQUIER, 4 vol. in-12.     12 fr.
LE DIABLE, 5 vol. in-12.     15 fr.
UN FILS DE L'EMPEREUR, 5 vol. in-12.     15 fr.
LA PRINCESSE ET LE SOUS-OFFICIER, 5 vol. in-12.     15 fr
LE GAMIN DE PARIS, 5 vol. in-12.     15 fr.
LE CHANCELIER ET LES CENSEURS, 5 vol. in-12.     15 fr.

Lagny. — Imprimerie d'A. Le Boyer et Comp.

# BONAPARTE

ET

## LE DOGE,

PAR

**LE BARON DE LAMOTHE-LANGON.**

Auteur de *Mademoiselle de Rohan*, de *Monsieur et Madame*,
du *Gamin de Paris*, *Un Fils de l'Empereur*,
le *Diable*, etc., etc.

I.

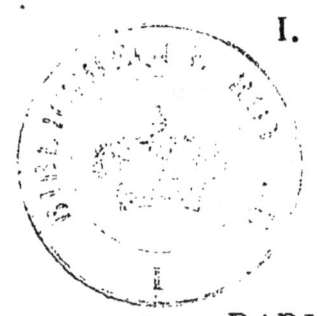

PARIS.
CHARLES LACHAPELLE, ÉDITEUR,
75, RUE SAINT-JACQUES.

1838.

# I.

## LA SORCIÈRE ET LE BANDIT.

> Il y a dans le mot patrie quelque chose qui résonne délicieusement au cœur du héros comme à celui du misérable.

La cloche de Saint-Marc sonnait l'*Angelus* du soir; le vent agitait les trois étendards gigantesques dont les mâts, surpassant ceux des navires, étaient soutenus par ces beaux socles en bronze, ouvrage admirable du XVIᵉ siècle. Sur ces bannières héroïques on avait brodé en soie et or les écussons des trois royaumes de Chypre, de Candie, et de Négrepont. Hélas! cette vaine représentation était tout ce qui restait à la république de son ancienne grandeur.

Les temps n'étaient plus où, dominatrice des mers et triomphante de Gênes, sa noble et ferme rivale, Venise donnait des lois à toutes les îles de l'Archipel; où Chypre, où l'antique Crète, où la Grèce poétique, flétrie alors du nom de Morée, la reconnaissaient pour leur souveraine; où elle pouvait ceindre son front de tant de couronnes : celles de Sparte, de Messène, d'Argos, de Corinthe, d'Athènes même; tout avait disparu. Le terrible Musulman s'était précipité sur les vastes contrées soumises à Venise; il lui enleva tout; à peine si elle régnait encore à Corfou, à Céphalonie, à Xante, à Cérigo, à Ithaque, île chétive agrandie par la renommée d'Ulysse, son roi.

Le soleil couchant dorait de ses derniers rayons les coupoles nombreuses de Saint-Marc, basilique vénérable, reste imposant du moyen-âge. Des jets de lumière rouge et chaude éclairaient les quatre fameux chevaux qui croyaient être pour long-temps en repos, sans se douter qu'ils étaient à la veille de continuer leur course vagabonde [1]. Les colonnettes des galeries supérieures, les masses arrondies des dômes, les peintures à fresques, les arcs des cinq portails, les niches intermédiaires avec leurs statues qui semblaient nager dans un fluide radieux, imprimaient à cette sainte chapelle de la sérénissime république un éclat surnaturel.

[1] Ces chevaux de bronze d'origine grecque, et dus au célèbre sculpteur Lysippe, appartinrent d'abord à la ville de Corinthe. Néron les transporta à Rome où ils décorèrent successivement son arc de triomphe, ceux de Trajan et de Constantin : celui-ci, plus tard, les fit venir à Constantinople. En 1206, Marino Zeno, lors de la prise de cette capitale par les Latins, eut pour sa part ce quadrige : il l'envoya à Venise. On le plaça sur la façade de Saint-Marc. En 1797, les Français les firent aller à Paris; là ils ornèrent, jusqu'en 1815, l'arc de triomphe du Carrousel. A cette époque ils retournèrent à Venise où ils sont maintenant. On les dora anciennement.

Jamais la lumière n'avait creusé plus profondément les sculptures, ni mieux fait ressortir les finesses du pinceau ou l'habileté du mosaïqueur.

— « *Ohimé !* s'écria plus d'un *bimbo* (gamin de Venise), les nobles chevaux s'agitent, ils piaffent d'impatience ; les voyez-vous ? ils vont quitter la fille de Saint-Marc.

— « Race maudite ! canaille exécrable ! dit d'une voix rauque et courroucée une sorte de monstre femelle — car on ne pourrait pas dire que ce fût là une femme, même affaiblie et enlaidie par l'âge ; à tel point tout en elle portait le sceau impur de la dégradation et de l'avilissement. — *Raca, raca !* répéta-t-elle en faisant avec ses doigts des signes mystérieux et redoutables ; non ! ils ne partiront pas, ces monumens de notre antique gloire ; et, tant que l'ennemi n'aura pas enlevé de sa grotte profonde et inconnue aux regards humains les ossemens sacrés de notre saint Marc, ces coursiers immortels ne descendront pas du piédestal de gloire où Venise souveraine les éleva.....

Venise, ma cité chérie... je ne sais, mais tu souffres, tu es faible... qu'as-tu fait de ton antique vigueur?.. Quoi! les Français, les Allemands insultent ton territoire, et tu restes tranquille..... Serais-tu donc près de disparaître comme le soleil qui va s'éteindre dans l'Océan; mais, lui, demain, se relèvera jeune, brillant, rempli de force, et toi.....

— « Oh! mère Gargagna, marmottez-vous quelque secourable psalmodie contre ces *birbenti* français? Pourquoi la Sérénissime ou son excellence notre illustre prince, ou bien les Dix.... ou mieux encore les Trois... — Que saint Marc me pardonne si je les désigne par leur titre! — ne font-ils pas un appel à nos *bravi ?* ils se lèveraient tous, ils traverseraient les lagunes, et, avant un mois, aucun des généraux du diable ne serait en vie... Pardon, mère Gargagna, si je menace ainsi les fils de votre ami...

— « Piédro, repartit la hideuse vieille sans se lever, car elle était assise sous le portique des Procuraties neuves; j'ai toujours pensé que tu tenais à danser dans l'entre-colonnes[1], suspendu à une poutre qu'un chevron soutient, et, certes, cela ne manquera pas, si tu continues à me qualifier de sorcière. Je crois en Dieu, en la très-sainte Vierge ; je fais dire chaque jour une messe à saint Marc ; le sérénissime doge est mon frère.....

— « Ton frère, mère, ton petit-fils.

— « Mon propre frère, car celle dont je reçus le jour lui donna son lait ; j'étais déjà grande fille quand lui vint au monde. Je me promis de consacrer mon existence à la sienne, de la lui rendre brillante ; car exalter Manino, c'était s'agrandir soi-même. A Venise, le patricien et le citadin ne font qu'un... Oh! que je fus heureuse et fière, le jour où le doyen du

---

[1] Deux colonnes de granit ornent la *Piazzeta* : on les apporta de Grèce, en 1174. L'une soutient le lion ailé de saint Marc ; l'autre, la statue pédestre de saint Théodore. Autrefois les supplices avaient lieu entre ces colonnes ; aussi regardait-on cet endroit comme néfaste, et on en menaçait ceux qu'on n'aimait pas : *Guardati dall' inter columnio.* — Prends garde à l'entre-colonnes.

sénat lui posa le corno ¹ sur le haut de l'escalier des Géans ². Et, certes, j'avais bien travaillé pour amener cette élection ; que de hautes dames reçurent des pronostics favorables afin qu'elles décidassent leurs maris à voter pour mon frère; combien, dans le même but, j'en effrayai d'autres, et maintenant tout cela serait perdu... et je verrais le doge chassé... la république anéantie; Saint-Marc souillé par la présence des sacriléges Français!.. Ah! plutôt qu'ils périssent tous... Oui, tous!.. et pourtant ³..... »

¹ Le *corno*, bonnet de drap d'or garni d'hermine, recourbé un peu au bout, à la manière phrygienne, était la couronne du doge de Venise.
² Cet escalier, ainsi nommé à cause de deux statues colossales qui le décorent, est dans la cour du palais ducal; il sert à monter aux grands appartemens. C'est sur le haut de cet escalier que l'on couronnait le doge ; c'est là, dit-on, que l'on décapita Marino Faliero. Ceci est sujet à controverse.
³ Louis Manino, dernier doge de Venise, était de ces nobles inscrits au livre d'Or pendant la guerre de Candie. Comme rien ne l'appelait au dogat, chaque électeur, à part, lui promit sa voix, croyant qu'elle serait seule. Il

La vieille Gargagna s'arrêta, et Piédro la regardait avec une physionomie moitié maligne, moitié effrayée. Piédro, le bravo, l'élégant gondolier, qui était connu des jeunes filles de Venise, des courtisanes en réputation, et à qui plus d'une patricienne adressa une œillade de satisfaction; Piédro n'avait encore tué que cinq hommes, mais on pensait qu'il ferait mieux dans l'avenir. A demi connu, à demi ignoré, aux gages de divers patriciens, il vaguait sans crainte au moment surtout où les Français menaçaient Venise, et où la police n'était puissante que contre les amis des républicains.

La donna Gargagna, âgée d'environ quatre-vingt-dix ans, paraissait toujours près de rendre le dernier soupir, à tel point elle avait de la peine à marcher et à se remuer. Toute chair, tout embonpoint en elle avaient disparu ; sa taille était élevée ; sa tête osseuse, au crâne entière-

---

les eut toutes, même la sienne. Il possédait une immense fortune, il était très-aimé : il manqua de force d'âme.

ment dépouillé de cheveux, épouvantait par l'aspect de lèvres flétries, ridées et pâles, et par le contraste extraordinaire d'une bouche qui avait conservé toutes ses dents. On aurait dit une tête de mort, si deux yeux flamboyans, véritables étoiles, n'eussent brillé au fond de deux grottes caverneuses où ils tenaient la place des yeux.

Ce squelette vivant était vêtu néanmoins avec une sorte de magnificence ridicule : par dessus une chemise et des jupes en haillons, Gargagna avait jeté une ample robe de dessins de mille couleurs, une mante avec capuce autrefois en velours pourpre de Gênes, et qui, par le laps du temps, devenait matière à contestation : le soleil, la poussière, la pluie, la saleté, y triomphaient si bien, que certes il était difficile de déterminer maintenant et l'étoffe et la nuance primitive.

L'âge, qui aurait dû éteindre le peu de forces qu'il laisse ordinairement au corps humain, cédait, dans cette créature extraordinaire, à sa fermeté d'ame, à cette énergie morale qui, développée à propos, devient une seconde existence; Gargagna marchait encore assez lestement lorsqu'elle le voulait, et, en cas de besoin, elle employait le secours d'une gondole dirigée par Pablo, son arrière-petit-fils.

A la voir, on l'aurait crue misérable; il n'en était rien. Outre que les quatre maris qui successivement l'épousèrent lui avaient laissé quelque aisance, le sérénissime doge, dont elle était la sœur de lait, la logeait et lui faisait une forte pension; enfin, sa réputation de sorcière, de devineresse, de diseuse de bonne aventure, qui augmentait de plus en plus, lui procurait une sorte d'opulence.

Gargagna profitait de sa fortune pour accroître son importance. Identifiée avec sa chère patrie, avec le doge, objet unique de son amour, elle employait son influence mystérieuse sur la citadinance, les ouvriers de l'arsenal, les gondoliers, les habitans de Mestre, de Malamoca, de Chioya, des lagunes, à l'affermissement de la puissance despotique des patriciens, d'abord réunis en grand conseil, et puis de celle plus terrible, plus occulte, du conseil des Dix, et des trois inquisiteurs d'État.

Il résultait de cette alliance inconnue que bien souvent les sages-grands (les ministres) de Venise se prêtaient à soutenir les prestiges de l'antique magicienne ; tandis qu'à son tour, elle leur indiquait les hommes raisonneurs, suspects, les ennemis de Saint-Marc; car Gargagna, enthousiaste de l'existence et de la splendeur vénitienne, ne faisait le mal que par fanatisme ; enfin c'était un autre pouvoir à ajouter à tous ceux qui, dans cette ville insulaire, se partageaient l'autorité.

Elle était, ai-je dit, alongée sur les degrés des Procuraties neuves au moment où le soleil se couchait; ses rayons, nageant au milieu de cette vapeur chaude et déliée qui a presque un corps, tremblaient en glissant obliquement le long du poitrail des quatre fameux chevaux de bronze, et, par une illusion d'optique, faisaient croire aux jeunes gars vénitiens qu'eux-mêmes s'agitaient. Ce prodige, que la bouche de ces êtres innocens proclamait sans y entendre malice, avait éveillé la colère superstitieuse de la femme décrépite; elle savait depuis long-temps qu'une double prophétie annonçait que, lorsque le corps sacré de saint Marc serait traîné hors de sa retraite cachée, par les chevaux de Corinthe, Venise, comme reine d'un grand peuple, disparaîtrait à jamais.

Or, ces deux conditions à réunir paraissaient impossibles, et voici pourquoi. En 835 de J.-C., la ville d'Alexandrie, en Égypte, non encore gisante au milieu de ses ruines, conservait précieusement le corps de saint Marc. L'empereur Léon l'Arménien régnait alors. Des marchands vénitiens, instruits en rêve que la ville qui possèderait ces reliques vénérables serait le siége éternel d'une domination puissante, formèrent le plan de les ravir à l'Égypte pour en enrichir leur patrie.

Le prêtre chargé de veiller à la conservation de ce dépôt se laissa gagner par la promesse d'être élu patriarche d'Aquilée. Le corps de saint Marc, entièrement frais et conservé, fut mis au fond d'une manne d'osier, remplie de figues, de dattes sèches, transporté furtivement hors d'Alexandrie, et placé dans le vaisseau des négocians vénitiens, qui mit soudain à la voile.

Au milieu de la pleine mer, une tempête s'éleva; elle fut horrible : les démons la fomentaient dans la pensée d'engloutir au fond des flots le corps de l'évangéliste. Déjà deux ou trois autres bâtimens qui naviguaient de conserve avaient péri; celui-là fracassé, s'ouvrait déjà, près de s'abîmer, lorsque tout à coup on vit le saint en personne descendre du ciel, gourmander l'orage, chasser les démons, raccommoder lui-même le vaisseau, et puis, le poussant de sa main, le faire entrer à pleines voiles dans le port de Venise, devant la place qui porta depuis son nom.

Le doge, les nobles, le clergé, la citadinance (bourgeoisie), le peuple, les gondoliers, tous vinrent pieds nus et bannières déployées, recevoir le beau présent. On le porta en pompe dans les fondemens de l'église qu'on lui dédia, et là, pour que sa trace fût à jamais perdue, les ouvriers qui construisirent sa dernière demeure entrèrent tous dans un ordre monastique sévère, où l'on exigeait un silence solennel.

La connaissance du lieu où l'on déposait ce palladium de Venise fut réservée au doge; aux quatre plus anciens procurateurs de saint Marc, lo.. que le nombre des nobles revêtus de cette charge majeure eut été augmenté [1];

[1] On donnait ce titre à des patriciens dont le premier remplissait les fonctions de grand marguillier de Saint-Marc; le second était le tuteur-né des veuves et des orphelins, sur un côté du grand canal; le troisième remplissait les mêmes fonctions sur l'autre bord. Le nombre total des procurateurs variait. En 1672, on en comptait trente-cinq; en 1770, il n'y en avait que onze. C'était la dignité la plus éminente de la république : on en récompensait les grandes ambassades de Rome, de Paris, de Vienne, de Madrid, et les provéditeurs-généraux de Corfou, de Palma-Nuova, etc.
L'habillement des procurateurs était une grande robe noire ou violette, à manches ducales ouvertes et pendantes jusqu'à terre, avec l'étole ou bordure noire : elle était violette s'ils étaient sages-grands. En cérémonie, ils portaient une robe de velours cramoisi, avec l'étole ou bordure d'or s'ils étaient chevaliers.

au patriarche de Venise, au doyen et à deux chanoines du chapitre de ladite chapelle dogale; enfin à trois nobles qui ne devaient jamais divulguer ce secret qu'à un seul patricien, et encore à l'approche de leur dernier instant. Les Dix, les Trois [1], les sages-grands, ignoraient ce fait majeur, à moins que le hasard ne les eût mis au nombre des élus.

Chacun de ceux-ci avait une clé du trésor vénérable; il y avait donc douze serrures toutes différentes; et, deux fois par siècle seulement, on vérifiait, avec une solennité mys-

---

[1] Le conseil des Dix, dont la création date de 1290, connaissait de toutes les affaires criminelles d'État et autres : séditions, concussions, fausse monnaie, malversations, assassinats, hérésie, tous les attentats aux mœurs. Ses jugemens se rendaient en secret. Le grand conseil nommait tous les ans le tribunal des Dix. Outre ce nombre, il y avait le doge et six sages-grands : dix-sept membres le composaient.

Les inquisiteurs d'État, au nombre de trois, étaient pris dans les Dix. Ils résumaient en eux toute la puissance, car ils pouvaient juger et faire exécuter le doge : ils n'étaient connus que de celui-ci, du chancelier de la république, et de leurs trois secrétaires.

térieuse, la présence des saintes reliques. Quelquefois un doge recommandable par de belles actions, ou un patriarche déjà en odeur de sainteté, demandait la faveur, accordée à lui seul, de procéder à l'ouverture, par extraordinaire, de la chapelle souterraine et mystérieuse. Les Douze s'assemblaient avec les membres du conseil des Dix, avec les trois inquisiteurs d'État, et, là, dans le conseil où s'adjoignaient les Procurateurs de Saint-Marc et les chanoines de la même église, on déterminait si la sérénissime république consentirait à l'ouverture de la chapelle et de la châsse ; cela n'était pas accordé chaque fois qu'on le demandait. Le grand conseil, et, à plus forte raison, la citadinance et le popolo ignoraient complètement la place où reposait ce trésor précieux ; il n'était même pas permis d'en parler, et la mort avait souvent puni des tentatives formées par une dévotion mal entendue. Comment donc serait-il possible que ces restes précieux, arrachés à leur solitude, fussent emportés par des chevaux que leur matière condamnait à une perpétuelle immobilité; aussi en concluait-on de l'existence immortelle de la république.

Cependant un danger imminent menaçait celle-ci. Nous étions en 1797; le royaume antique de France, encore en butte aux tourmentes révolutionnaires, n'avait plus de roi pour le gouverner. Louis XVI, le dernier de ses monarques, était mort sur l'échafaud, le 21 janvier 1793; son fils unique, deux ans après, l'avait suivi dans la tombe; une république s'était établie. Celle-ci, sous la domination d'un directoire composé de cinq membres, de deux conseils, dits des Anciens, et des Cinq-Cents, faisait trembler l'Europe par les exécutions sanglantes à l'intérieur et les belles victoires au dehors.

En 1796, un jeune général, ayant à peine vingt-six ans et nommé Napoléon Bonaparte, avait pris, aux bords du Var, le commandement d'une armée découragée et misérable; dans un an, trente victoires, trois campagnes, changèrent la face des choses. Le roi de Sardaigne, séparé des Autrichiens, demanda la paix. Les ducs de Parme, de Toscane, le pape, le roi de Naples, les républiques de Gênes, de Lucques, de Venise, suivirent son exemple. Le duché de Milan était devenu la république cisalpine, bien que d'abord on la dénommât autrement.

La lutte durait entre l'Autriche et la France; la première épuisait son trésor, ses forces, ses munitions; elle y perdait des armées et des généraux. Venise, au milieu de cette guerre acharnée, s'était follement persuadée qu'elle garderait sa neutralité; chaque jour on violait son territoire, on s'emparait de ses places fortes; exposée, menacée tour-à-tour, elle penchait vers l'Autriche; son patriciat s'accordait mieux avec une vieille monarchie, qu'avec une république jeune et par trop démocrate.

Il résultait de cette position une paix apparente et une guerre cachée. Le général français, impatient d'être joué, voulait que l'on se déterminât pour ou contre lui; et à Venise la décrépite, on avait peur de la guerre. C'était à l'aide d'une négociation fourbe, dilatoire, que l'on se flattait d'éluder une réponse positive.

Mais Bonaparte tonnait déjà; son courroux menaçait directement le conseil des Dix, et, avant tout, les trois inquisiteurs d'État, personnages cachés sous un voile terrible. Leurs noms étaient inconnus à tous les nobles, hors au doge, au conseil de la Seigneurie et aux Dix. Ce tribunal, d'autant plus terrible qu'il était pleinement mystérieux, frappait avec impunité des coups extraordinaires; il avait déjà tenté de se débarrasser de plus d'un de ses ennemis, par des crimes; et le général en chef de la république française avait promis son amitié à celui qui, d'une ou d'autre manière, lui révèlerait le nom des trois inquisiteurs d'État.

Les choses étaient ainsi disposées, le soir où la vieille Gargagna avait maudit les imprudens garçons qui, sans en comprendre les conséquences, venaient, par leur pronostic coupable, de réveiller tous ses sentimens patriotiques.

Piédro comptait parmi les vénérateurs de
la magicienne. Combien de fois jura-t-il à ses
camarades qu'il l'avait vue à la pointe de l'île
du cimetière des Juifs se livrer à des opérations surnaturelles, et puis, pour rentrer dans
Venise, appeler à haute voix un des monstres
de la mer, qui tout à la fois lui servait de
gondolier et de gondole! Cette histoire, racontée froidement, inspirait aux matelots, aux
bravi, une frayeur dévotieuse; chacun faisait
le signe de la croix, demandait à son saint Genaro, à son saint Théodore, à son Xiste, son
saint patron vénéré, de le préserver des haines
de cette femme redoutable.

Et les jeunes filles, comme elles saluaient
Gargagna! jamais patricien ne les vit s'incliner aussi profondément devant lui. Elle possédait des secrets infaillibles pour ramener un
ingrat, pour retenir un infidèle, grace à des
paroles puissantes qu'elle seule savait employer. On voyait en songe ou dans un miroir
l'homme que l'on épouserait; ses philtres inspiraient l'amour ou l'aversion, procuraient

la mort, rendaient insensible. S'il lui plaisait, elle ferait sauter toute nue, pendant la nuit de saint Jean-le-Précurseur, la raggazza (la vierge), à qui elle aurait jeté un sort; les loups-garous marchaient à son commandement; les fées reconnaissaient ses ordres.

Aussi avec quelle épouvante, tandis que Piédro lui parlait encore, se dispersèrent les adolescens qui avaient allumé son courroux! l'un, en fuyant, cracha par derrière lui ; l'autre sauta à cloche-pied un brin de paille placé sur la route; un autre noua le bout du mouchoir de soie dont sa mère para son col, lorsqu'il sortit; le quatrième seul, le doux et fier Alfando, surnommé le *Frère des Anges* à cause de son incomparable beauté, se retira sans se livrer à des pratiques superstitieuses, se contentant de dire à part soi : Je suis fâché d'avoir fait de la peine à cette pauvre femme.

Gargagna, qui les poursuivait tous d'un regard scrutateur, devina dans les trois premiers la reconnaissance tacite de sa puissance; car ils tâchaient, par leurs actes, d'interrompre son mal-vouloir; mais le bel Alfando, dont les paroles ne pouvaient arriver à son oreille, s'en allait sans faire aucun geste : il ne la craignait donc pas; il la méprisait donc. Elle en tressaillit de colère et de rage.

— « Va! dit-elle, toi et les tiens pleurerez le mépris insolent que vous ne cessez d'affecter envers moi. »

La nuit descendait rapidement sur Venise; la cime du clocher de Saint-Marc était encore brillante d'une jaune et rouge lumière, lorsque déjà la place se couvrait d'ombres épaisses. On n'apercevait plus les socles de bronze des trois étendards souverains; un voile enveloppait la façade de la vaste collégiale; et, aux alentours de la place, on allumait successivement dans les divers cafés qui l'embellissent, les lampes et les bougies, qui apparaissaient comme des étoiles terrestres.

— « Mère Gargagna, dit alors Piédro qui allait et venait devant le portique des Procuraties, vous n'êtes donc pas curieuse de rentrer chez vous? si votre bimbo (enfant) Pablo ne vient pas vous chercher, je vous remènerai, et, en récompense, vous bénirez mon poignard et ma gondole pendant toute la semaine?

— « Non, mon ami, répondit la vieille femme, je n'ai point hâte de rentrer, outre que je veux assister, ce soir, à la prière que l'on fait à Saint-Marc, avec une solennité inconnue dans le monde chrétien. J'ai à voir, à causer, à répondre à des gens de bien qui ne dédaignent pas de prendre conseil de l'expérience d'une radoteuse.

— « O madre! qui ne ferait comme eux! et même, si cela ne vous déplaît point, j'entrerai à Saint-Marc en votre compagnie; j'aime à prier Dieu dans une église; il me semble que je suis là plus en présence de celui qui nous a tous créés. D'ailleurs, j'ai à le remercier d'un beau coup de stylet. Il n'est pas que vous n'ayez entendu parler de la manière dont l'avocat Nérone en a fini avec la vie.

— « Piédro, Piédro, composé de bon et de mauvais, de scélératesse et de vertu, il y a dans toi deux hommes; l'un veut aller droit au ciel, l'autre ne se recule pas de la bouche de l'enfer. »

Le bandit soupira, la vieille poursuivit :

— « Que veux-tu, de la mort ou de la vie, du pardon ou du châtiment, de l'amitié ou de la vengeance?

— « De quelque côté qu'on se tourne, on nous blâme, on nous flatte, on nous caresse, on nous menace. Je voudrais... oh! je voudrais la damnation éternelle de tous les ennemis de notre Venise!

— « Va, mon enfant, dit Gargagna en se levant avec lenteur et non sans majesté, grâce à de tels sentimens, espère en le sauvetage de ton ame; tu es un franc Vénitien; soit.... à tout pécheur miséricorde!... Écoute, ne t'écarte pas trop pendant ces jours-ci; fais en sorte que je te rencontre : je voudrais te voir avant la glorieuse journée où notre éminentissime doge épousera la mer Adriatique, noble mariage qui constate victorieusement la grandeur de Venise. Et tout cela disparaîtrait, et des misérables régicides...! Ils tomberont tous plutôt sous la foudre de saint Marc qui les frappera.»

En parlant ainsi, Gargagna s'appuya sur le bravo et s'achemina néanmoins assez lestement vers l'église vénérable. Sa riche façade, si bizarre, si élégante, si en dehors de nos constructions d'Occident, était entièrement cachée dans l'épaisseur de l'ombre nocturne; on ne pouvait distinguer qu'à peine les cinq gigantesques portails et les doubles rangs de colonnettes qui les accompagnent.

La galerie extérieure qui entoure l'église de trois côtés est découverte et bordée d'une haute balustrade qui imite un portique de petite proportion; cinq grands arcs, couronnés d'ornemens de marbre sculpté avec une délicatesse merveilleuse et dans le goût bizantin, s'élèvent au dessus des cinq portiques du vestibule; entre chaque arc est une niche à trois étages, formée par trois petits ordres de colonnes placées les unes sur les autres et terminées en forme de campanilles. Dans chacune de ces niches, sont des statues de marbre. Le grand arc du milieu est rempli par une large fenêtre éclairant l'église, au dessus de laquelle est un lion de cuivre doré.

C'est en avant de cette fenêtre, et sur des piédestaux bas, que sont posés les coursiers de Lysippe, jadis attelés, à Rome et à Constantinople, au char du soleil, et qui sont tour-à-tour les trophées glorieux des victoires remportées par ceux qui les possèdent.

Toute cette construction, au dessus de laquelle se détachent avec lourdeur la multitude des dômes de l'église, est, pendant le jour, l'objet de l'admiration des étrangers et l'orgueil des habitans de Venise. Quand on a franchi les arceaux, on pénètre, non dans les nefs, mais dans un vestibule long de cent quatre-vingt-six pieds, large de dix-huit, et ayant vingt-deux pieds de hauteur; la voûte est chargée d'une mosaïque ancienne, et cinq portes de bronze sont décorées de bas-reliefs où l'expression et la naïveté se font remarquer. Là, on découvre les mausolées de trois doges :

un Vital Faliero, mort en 1096; un Marino Morosini, décédé en 1252, et un Barthélemy Gradenigo, qui s'en alla rejoindre ses pères, l'an de grace 1343. Nombre d'autres tombes, chargées d'effigies, d'écussons, d'épitaphes, annoncent que, dans ce champ de repos, les puissans patriciens de Venise venaient se délasser, dans la paix du cercueil, de l'agitation de leur vie politique.

La colonnade dont les portiques sont ornés est un assemblage de pièces antiques apportées de Grèce, de Constantinople, de la Palestine, de l'Asie-Mineure, de la Syrie, du temps des croisades; on y rencontre à foison du porphyre, du jaspe, du granit, de l'albâtre orientaux, de la machelle, de la serpentine, du vert antique, du portor; c'est un riche musée d'échantillons de marbres superbes; il annonce la splendeur du temple où l'on va pénétrer.

A cette heure, quelques lampes solitaires y répandaient une lueur incertaine. L'œil, dans le lointain, voyait errer des spectres, lents à se mouvoir, et silencieux. Pour tels, on prenait les statues des doges et des procurateurs de Saint-Marc, sur lesquelles ne parvenaient que de faibles lueurs plus propres à maintenir l'illusion qu'à la détruire.

Comme Gargagna et son compagnon mettaient le pied dans une des nefs latérales, les sons éclatans de l'orgue se firent entendre ; des vapeurs d'encens montaient vers les cieux, et l'ancienne basilique resplendissait, vivement illuminée par une multitude de torches, de flambeaux, de lampes qui en éclairaient les bas côtés, la grande nef, le sanctuaire et les chapelles. On pouvait examiner la variété des ornemens, la bizarrerie de l'architecture, les prodiges de la sculpture et des autres arts, ses rivaux. Toute la voûte en mosaïque d'or, rehaussée d'étoiles d'azur, rayonnait comme un triste firmament d'hiver.

On voit çà et là les jeux gothiques des découpures du ciseau léger de nos pères se détacher en clair nettement tranché sur un fond ténébreux. Au centre du grand autel, couvert d'un pavillon de pierre serpentine, soutenu par quatre colonnes de marbre blanc chargées de bas-reliefs représentant les scènes de la sainte Écriture, est le tabernacle d'un prix inestimable; des lames d'or le forment : c'est un travail grec du bas-empire; les figurines qui le décorent sont dans un cadre composé de diamans, de rubis et d'émeraudes. Au treizième siècle, il parait, à Constantinople, l'église de Sainte-Sophie. Les Vénitiens l'enlevèrent, et, depuis six cents ans, leur piété a continué de l'embellir.

La chapelle ducale, dans laquelle le doge, le sénat, les ambassadeurs, venaient entendre la messe, lors des fêtes solennelles, est enrichie des marbres les plus beaux; quatorze statues y sont toutes de grandeur naturelle : ce sont celles de la très-sainte Mère de Dieu, de saint Marc et des douze apôtres, la plupart sorties du ciseau de l'habile Sansovino. Au milieu, est un Christ d'argent colossal.

Dans ce moment, le doge, le respectable Manino, suivi de ses conseillers, était venu demander au Saint-Esprit un surcroît de lumière. Le doge assistait à la prière du soir, ce qui expliquait cette pompe inusitée. Les chanoines de Saint-Marc, dans leurs somptueux costumes, étaient à la suite du patriarche, et mille voix ensemble imploraient la miséricorde divine en faveur de Venise. Gargagna et Piédro, tombant à genoux, partagèrent la commune ferveur.

## II.

### LA PRIÈRE DU SOIR A SAINT-MARC.

> Sans l'auxiliaire du crime, la faiblesse ne saurait lutter contre le génie et la vertu.

Lorsque le doge eut terminé sa dernière prière, lorsque le patriarche eut fait signe à son porte-croix de se préparer à marcher, un profond silence succéda aux chœurs des choristes, à la double mélodie des musiciens de la Seigneurie et des orgues de Saint-

Marc. Ce silence se prolongea, et son éminence le doge ne se levait pas encore; humblement prosterné, il abaissait devant Dieu la grandeur du prince suprême de la république.

Tous comprenaient la cause de cette ferveur redoublée. Sur le territoire de Venise, deux ennemis terribles, acharnés, implacables, puissans, s'entrechoquaient avec le vouloir d'une victoire complète. D'un côté était un antique voisin aussi vieil et secret ennemi: l'empereur d'Allemagne, duc d'Autriche, de Carniole, de Styrie, de Carinthie, de Milan; de toutes parts ses frontières froissaient celles de Venise, et on savait combien les riches provinces excitaient sa convoitise et son avidité.

Mais, du moins, sa fantaisie était sourde, hésitante, craintive, et puis l'oligarchie ne lui était pas insupportable; il voulait, lui aussi, des maîtres et des sujets; il reconnaissait mieux que tout autre la distinction des rangs, et ce ne serait pas lui qui, au nom d'une fausse, folle et sanglante égalité, pousserait la citadinance vénitienne et la noblesse de terre-ferme à se révolter contre les patriciens; or donc, cet ennemi pouvait ne pas, de long-temps, faire du mal : il était ami en apparence, et une double sympathie unissait ses magnats aux illustres Vénitiens.

Tout au contraire, la puissance opposée était une république vieille de crimes et belle de victoires; nouvellement créée, elle baignait ses pieds dans du sang, ou les meurtrissait contre des ruines; à sa voix, les Français, de bourgeois devenus citoyens, formaient quatorze armées à peu près invincibles, toutes commandées par des chefs célèbres.

Le plus grand parmi ces braves est un homme de vingt-six ans, la veille, inconnu, et qui, le lendemain, était déjà célèbre. Napoléon Bonaparte a débuté par hascser les Anglais de Toulon, par expulser l'anarchie de Paris. Puis, au mois d'avril 1796, descendant des Alpes maritimes comme un torrent furieux, en une semaine, il attaque, bat, disperse, anéantit la double armée austro-sarde. Vainqueur à Montenotte, à Millesimino, à Dego, à Mondovi, à Ceva, Peschiera, il imprime au roi de Sardaigne une telle terreur, qu'il le force à demander la paix aux conditions qu'on lui imposera. Cette campagne commencée presque le 21 avril est terminée le 28, par le traité qui cède la Savoie, les comtés de Breuil, de Tende, de Nice, et la plupart de ses places fortes.

Un autre se serait reposé; lui croit n'avoir rien fait: il passe le Pô le 7 mai; le 8 il entre à Plaisance; le 9, le duc de Parme se retire de la coalition.

C'est avec une pareille rapidité que ce jeune aigle fond sur le Milanais, les duchés de Mantoue et de Modène, sur les États du pape. En six mois, il a remporté les victoires de Lodi, de Castiglione, de Roverdo, de Bassano, de Saint-Georges, d'Arcole; enfin il a investi Mantoue, détruit quatre armées commandées par Beaulieu, Wurmser, Alvinzy, le prince Charles; il dicte des lois à la Toscane, aux

Romains, à Naples, à Gênes, dans la Lombardie. Venise tremble devant cet autre Sforza qu'elle n'achètera pas, devant ce nouveau Carmagnola qu'elle ne pourra surprendre.

Partout il crée des républiques démocratiques ; il y aura la Cispadane, la Transpadane, la Cisalpine, la Transalpine, la Ligurienne ; il va y en avoir une à Rome ; partout les droits de l'homme seront proclamés, l'égalité règnera ; et que deviendra, ô Venise! l'orgueil de ton patriciat? il te faudra fermer le livre d'Or où sont inscrites, hors de pairs, les douze anciennes familles, certes, les plus authentiquement nobles de l'Europe, qui élurent ton premier doge Paul-Luc Anafeste, en 697. Ces douze colonnes de Saint-Marc, dont onze subsistent encore, celle des Polani ayant disparu dans toutes ses branches en 1760, sont : les Badoeri, Barrozzi, Contarini, Dandolo, Faliero, Gradenigo, Memo, Morosini, Michieli, Sanudi, Tiepolo ; à celles-là on ajoute, comme leurs égales, les Bembi, Bragadini, Cornari, Justiniani, Delfi et Quirini ; et où tu inséras, le..... 1290, les Capelli, Foscarini, Mocenigo, Zani, Sorenzo, Celso, Venieri, Tron, Loredano, Ven-Pisamino, Grimani, Priuli, Sagredo, Zeno, Pisani, etc.; et où, enfin, le besoin te fit appeler, au prix de cent mille ducats, soixante familles déjà illustres, mais nouvelles.

Les succès des Français t'irritent, t'indignent, et tu demandes à Dieu de les frapper dans son courroux; en vain eux et leur chef te cajolent, t'engagent à marcher sous leurs bannières; tu t'en recules, parce, que tu veux mourir.

Ces grandes pensées, ce soir-là, occupaient plus particulièrement le doge. Un conseil nocturne était annoncé, et Manino s'attachait à conjurer le Paraclet de lui inspirer d'utiles lumières..... Enfin, il se leva lentement; sa taille majestueuse se redressa avec avantage sous la longue robe de damas, pourpre et or, dont il était vêtu : déjà les porteurs du siége ducal, de l'ombelle, des étendards, prenaient leur poste dans le cortége, lorsque le doge, élevant les bras vers le ciel et donnant à sa voix pleine des sons majestueux :

— « Enfans de Venise, dit-il, enfans du patriciat, votre père, priez Dieu en l'honneur de la fille de saint Marc ; elle souffre, mes amis, la vieille dominatrice des mers ; sa neutralité est violée, on la menace dans son indépendance ! Ne serions-nous plus vénitiens ?

« — O père, ô sérénissime doge, nous le sommes, nous le serons toujours. Vive saint Marc! vive Manino! vivent les patriciens! vive Venise! s'écrie la foule unanime des gondoliers, des ouvriers de l'arsenal, ces deux respectables corporations de l'antique cité; des femmes exaspérées, des enfans épouvantés, joignent leurs accens aux leurs, et la basilique répercute, dans tous ses nombreux échos, les cris de colère, d'indignation des Vénitiens : on se défendra, on s'armera, Venise vivra sans terme. »

Avec quelle ferveur un *pater* est demandé par le doge. Toute la foule se prosterne accroupie sur de riches parquets si admirablement travaillés... une femme seule est demeurée debout, non par indifférence, mais par exaltation; c'est la vieille Gargagna qui, adossée qu'elle est contre un pilier épais, ressemble moins à une créature humaine qu'à l'œuvre naïve d'un sculpteur du moyen-âge.

Les yeux du doge, tournés vers elle, l'ont reconnue, et sa sœur de lait échange avec lui un signe d'intelligence. Oh! qu'elle fut fière de cette manifestation publique de son alliance avec le doge; sa taille athlétique se redressa, ses regards éteints flamboyèrent, et, tirant avec art de son gosier des sons qu'elle projeta au loin, bien que sa bouche entr'ouverte parût immobile, une voix fit entendre à la seigneurie étonnée et à l'assistance les paroles suivantes :

— « *Doge, on a vu tantôt les coursiers de Saint-Marc s'agiter pour partir; assure-toi si le saint évangéliste n'a pas déjà quitté ou ne va pas quitter le trône d'or et de pierreries où il sommeille.*

Cet appel extraordinaire tombant de la

voûte parut surnaturel ; le peuple, en l'écoutant, se précipita de nouveau sur le marbre, les patriciens eux-mêmes abaissèrent leur front de nouveau ; les enfans de Saint-Marc, les clercs de l'insigne basilique crièrent au miracle, et le patriarche consterné entonna le *Veni, Creator*.

Qui, dans cet instant, eût examiné le visage du doge aurait vu un souris rapide et moqueur courir sur ses lèvres, et un éclair d'impatience resplendir dans ses yeux ; mais, faisant comme le reste de la seigneurie, lui aussi pria et s'émerveilla de cette voix d'en haut.

Piédro, le bravo-gondolier, hors de lui et à moitié fanatique, regarda la sœur de Manino avec une vénération craintive, et tout bas lui dit :

—« O mère ! pardon, je t'avais crue jusqu'ici en commerce avec le diable ; je reconnais aujourd'hui que tu l'es avec Dieu. »

Un conseil improvisé s'établit entre le doge, les procurateurs de Saint-Marc, les sages, grands, le reste de la seigneurie, le patriarche, le primicier de Saint-Marc et deux vénérables chanoines qui, sans être appelés, se détachèrent du groupe de leurs confrères. Les hallebardiers de son éminence se portèrent en avant pour que l'on ne prêtât pas une oreille curieuse à ce qui se traitait.

On remarqua des causeries vives; le chancelier parla trois fois; enfin on donna le signal. Le conseil fut rompu, et le doge rentra en cérémonie dans son palais, non par l'issue privée, mais en sortant de l'église par le portique de la façade, et en traversant diagonalement la piazetta (la place du Prégadi).

Celle-là et celle de Saint-Marc, à cette heure, étaient remplies d'un multitude gaie et folâtre, les bateleurs, histrions, jongleurs, escamoteurs, les joueurs de guitare, les improvisateurs se livraient gaîment à leurs exercices accoutumés, sous divers portiques; une égale foule animait les cafés resplendissans du feu des bougies; les riches casinos des patriciens, des ambassadeurs, des étrangers, éclairés aussi, décorés de draperies pourpres à crépines d'or, recevaient une société tout occupée à ne songer à rien de ce qui attriste. Là-bas, vers l'occident, on voyait glisser sur la mer le fanal de la gondole, et les flots, se brisant mollement sur le rivage, se couvraient de plusieurs millions d'étincelles, véritables feux follets de l'eau.

Un ciel net et noir, d'une teinte d'ébène, semé d'étoiles d'or et d'argent, rayonnantes ou immobiles, ajoutait à la magnificence de cette scène; jamais dais plus splendide ne s'arrondit sur un front humain, et celui du noble triomphe de l'égalité de la nature couvrait et l'humble contadino (le paysan) et le patricien le plus orgueilleux parmi les Douze.

Plusieurs files de curieux, de raggazzi, de masques, car on était dans un temps privilégié, se déroulèrent sur le passage du doge pour admirer sa splendeur; enfin, le cortége passa tout entier sous la gueule béante de la large porte du palais ducal, et le mouvement inaccoutumé causé par sa présence cessant aussitôt, les jeux, les ris recommencèrent. Venise ne vivait que de joie ; on y dansait sur un gouffre sans prévoir le lendemain. Hélas ! tous tant que nous sommes, n'en faisons-nous pas autant !...

Minuit sonnait à l'horloge prochaine de Santa-Maria della Salute, ce prodige du patriotisme vénitien, lorsque, dans le palais du patricien Barbarigo, où ce gentilhomme était retenu de la veille pour cause de maladie subite, on vit ses nombreux amis lui faire les adieux du soir : il était souffrant, la conversation l'incommodait, on voulait la lui éviter.

Depuis quelques semaines, la famille de Barbarigo était partie pour Corfou : elle allait y respirer un air salutaire à la santé du fils aîné. Un motif pareil ayant privé le provéditeur de Santo-Marco, Angelo-Maria Gabrielli, de sa jeune femme, et de sa fille presque au maillot, il était venu, pour charmer sa solitude, chercher un logement momentané au palais de Barbarigo, son intime ami.

Tous les deux, brouillés depuis plusieurs années avec leur collègue, au sénat, Catharina

Comer, avaient été naguère raccommodés par les soins du doge. Il en résultait que ces trois patriciens se réunissaient souvent, soit par le plaisir qu'ils trouvaient à renouer une vieille affection, interrompue par des rivalités politiques, soit que, bons patriotes, le péril pressant de la république les portât à causer des moyens d'y remédier.

Ce soir-là donc, lorsque la compagnie, se séparant, remonta dans les gondoles qui l'attendaient, Angelo Gabrielli ayant, à défaut du patron, fait les honneurs au palais, retourna près de son ami que Comer n'avait pas encore quitté.

Augustin Barbarigo sonna..... Un valet de chambre, vêtu d'une riche livrée, se présenta :

— « Des glaces, des fruits, une bouteille de vin de Schiraz, une table, des cartes de piquet et une écritoire. »

Tous ces ordres, intimés lentement, furent reçus avec une humilité complète; seulement Lorano, en rentrant dans l'antichambre, dit à ses camarades :

—« Son excellence est moins souffrante : on va jouer un piquet à écrire. »

On apporta, sur des plateaux d'argent ciselés aux quinzième et seizième siècles, des glaces dans des tasses de figuier de Gênes; du vin dans un flacon de cristal taillé à Murano; et la table, chef-d'œuvre de marqueterie, venait d'ouvriers florentins. L'écritoire était en vieux bleu de Chine.

Les trois amis, restés seuls, se levèrent; trois portes donnaient dans trois autres chambres ou salles. On visita, on fouilla, on ferma tout, et, à la suite de ces précautions que l'espion le plus soupçonneux aurait trouvées simples et naturelles, ils rentrèrent dans le grand salon. L'unique fenêtre qui lui procurait de l'air et du jour était restée ouverte : Catharina Comer la ferma en abattant les immenses rideaux de velours, son ornement, et alors revenant à ses collègues, il repoussa le léger cabriolet sur lequel, jusque-là, il s'était assis, et, choisissant le fauteuil le plus apparent, s'y établit entre le maître de la maison et son ami :

— « Signori, dit-il alors, la circonstance est critique, ces misérables Français ne nous laissent pas respirer !

— « Ce sont des démons, dit Angelo Gabrielli.

— « Ou des héros, reprit Barbarigo.

— « Héros ou démons, ils n'en sont pas moins les ennemis de la république ; ils ne la poursuivent pas moins avec une rage qui dot nous effrayer : leur chef est invincible.

— « Je croyais, dit Gabrielli négligemment, que rien ne l'était à l'*aqua tophana* ou au stylet de verre d'un bravo vénitien ?

— « Assassiner Bonaparte ! s'écria Barbarigo.

— « Sauver la Sérénissime, dirent les deux autres patriciens.

— « Mais, ajouta Comer en poussant un long soupir, cet homme a un charme dont l'approche brise tout vase qui contient une substance vénéneuse, et son œil a, jusqu'à ce jour, découvert tous les assassins.

— « C'est un malheur, dit Barbarigo, mais si froidement qu'on pouvait presque le prendre pour une exclamation de joie.

—« Néanmoins, reprit Catharina Comer, les minutes doivent être comptées; voici la lettre que le général en chef a écrite au doge : pesez-en les expressions, et puis j'achèverai de vous tout faire savoir. »

Un cachet très-grand, chargé d'un coq lançant la foudre, rayonnant et planant au milieu de drapeaux tricolores, attira d'abord l'attention du trio.

Barbarigo. Qu'est-ce? déjà l'aigle romaine!

Gabrielli, *dédaigneusement*. No, ma è un galinaccio...

Comer. Dont l'éperon tardera peu à devenir une serre tranchante..... il faut le chaponner avant qu'il ne se métamorphose en oiseau de Jupiter.

On rit, et puis tous :

—« Voyons la lettre. »

Marc Comer la retira de l'enveloppe, il en critiqua le papier, la manière de la plier; son orgueil vénitien s'irrita du peu de blanc qu'on y voyait : la qualification touchait presque au haut de la page, et, tout de suite après, on commençait le corps d'écriture.

— « Quelle insolence, dit-il... un sans-culotte écrire ainsi à notre chef... Maledetto ! »

Les deux autres. Voyons la lettre.

« Sérénissime prince,

« Mantoue vient de capituler......

Tous. Mantoue... Mantoue... ô Venise!.... Noble excellence poursuivez.

« Depuis avant-hier, le dernier boulevart de
« l'Italie est tombé au pouvoir des Français....

Un triple soupir se fit entendre.

« La volonté de ma république est que je
« poursuive mes triomphes, que je chasse
« les Autrichiens de l'Italie, que je cimente
« la force de celle-ci de manière à ce qu'elle
« ne soit plus inquiétée par une ambition
« étrangère; à ce que ses affaires soient en de-
« hors de celles de l'empereur.

« La Sardaigne traite franchement avec la
« France; le roi de Naples veut en faire au-
« tant ; nous avons pour alliés le grand-duc

« de Toscane et l'infant de Parme ; le pape,
« avant peu de jours, sera contraint de se
« lier à ce faisceau, car sa souveraineté tem-
« porelle ne sera pas anéantie. La Lombardie
« tout entière, avec Gênes, s'allie avec
« nous : pourquoi Venise se refuse-t-elle à
« suivre cet exemple? Venise espère-t-elle s'iso-
« ler du mouvement général? elle se trompe.
« Le moment viendra où l'oscillation de la
« balance politique l'emportera, et alors elle
« tombera brisée. Croit-elle que les peuples,
« ses voisins, jouiront tous d'une liberté ac-
« commodée aux idées présentes, et qu'elle
« conservera intacts ses anciens erremens ?
« elle se trompe encore.

« Sérénissime prince, l'axiome du sage est
« qu'il faut s'accommoder au temps ; faites
« ainsi, Venise s'en trouvera bien. Traitez
« avec la France, et vous obtiendrez tout le
« littoral de l'Adriatique ; Trieste, qui vous
« inquiète, entrera dans vos domaines ; en-
« voyez des troupes pour marcher de concert
« avec celles de la république française ; ces-

« sez de renfermer dans l'aristocratie l'action
« du gouvernement; appelez à lui des dépu-
« tés de terre ferme et la citadinance véni-
« tienne ; que ceux-ci forment une chambre
« semblable à notre conseil des Cinq-Cents ou
« à la chambre des Communes d'Angleterre;
« supprimez le conseil des Dix, celui des In-
« quisiteurs d'État; renoncez à tout ce qui
« annonce le despotisme, et l'existence de
« votre république sera garantie.

« Mais si, au lieu de suivre cet avis, vous
« persistez dans une fausse voie; si, vous te-
« nant en équilibre, vous ne penchez à pro-
« pos d'aucun côté, préparez-vous à subir
« toutes les chances de la guerre. Alors,
« comme vous n'aurez positivement obligé
« personne, on ne vous tiendra compte de
« rien, et l'on s'accommodera à vos dépens.

« Il est des instans rapides qui décident de
« la vie ou de la mort des empires; une de ces
« causes est imminente pour vous : voyez l'a-
« venir, et sachez vous déterminer à temps.

« BONAPARTE. »

BARBARIGO. Le coq chante haut.

COMER. Oui; deux Venises : l'ancienne et la nouvelle. Le patriciat esclave de la citadinance.

GABRIELLI. Et pire, des nobles de terre ferme !

TOUS. Plutôt mourir mille fois !

BARBARIGO. Que faire de cette lettre? La remettre au doge? il convoquera le grand conseil. La jeunesse est imprudente...

COMER. Non, pas de grand-conseil! pas de sénat! Les Dix, les Trois; la Seigneurie; là, on délibèrera.

GABRIELLI. Qu'en a-t-on besoin, quand, soi, l'on peut...?

COMER. Ami, le fardeau est lourd pour trois paires d'épaules. Croyez-moi, consentez au partage, nous nous en trouverons bien. La nuit prochaine, il y aura une visite souterraine dans les caveaux de Saint-Marc ; le doge en personne y assistera ; le conseil aura lieu avant cette cérémonie.

BARBARIGO. Qu'est-ce que cette voix mystérieuse qui a retenti tantôt dans Saint-Marc?

Comer. Saint Marc aime toujours la vieille république.

Gabrielli. Et il la quitterait?... Qui enverra-t-on à Bonaparte?

Comer. Deux Vénitiens : le sage-grand Pesaro...

Barbarigo. Ah! le doge s'éloignera donc de Venise?

On sourit, et Comer continue :

— « Et le bravo Piédro.

Aucun ne parla; les yeux seulement étincelèrent. Il y eut un temps de silence; puis Gabrielli reprit négligemment :

— « Le bravo est bien jeune.

Comer. Il a déjà eu cinq malheurs... et toujours tué son homme... Il est vif, gai; il adore Venise; il aime; et sa maîtresse... En vérité, Signor, si on nous entendait nous trois, patriciens, jaser des tendresses d'un bravo...

Gabrielli. Hé bien! sa maîtresse?

Comer. A la faiblesse d'aimer un beau Français.

Barbarigo. On sait le nom de celui-ci.

Comer. Les aveugles disent que c'est l'aide-de-camp ; les gens instruits savent que c'est le général en chef; alors... la colère du pauvre bravo sera légitime.

Barbarigo. Signors, vous ne buvez pas, ni ne goûtez de mes fruits ; ces glaces vous déplaisent-elles ?

Cette invitation changea la conversation; la politique fut abandonnée. Les trois amis passèrent en revue la haute société ; on parla des barnabotes [1], des citadins même ; on nomma de très-jolies marchandes : la vieille Gargagna fut mise sur le tapis, et comme magicienne et comme matrone habile.

[1] On appelle barnabotes, à Venise, des nobles pauvres qui logent tous en général sur la paroisse Saint-Barnabé. On les ménageait à cause qu'en grand conseil leurs voix étaient prépondérantes. Ils allaient eux-mêmes au marché faire emplète de fruits, de légumes et de viande; ils cachaient ces provisions dans la manche immense de leur robe.

— « Le conseil des Dix devrait la tancer, dit Barbarigo.

Comer. Elle est si âgée! c'est, de plus, la sœur de lait du doge; et puis, celle-là voit Venise avant Dieu. Je voudrais que toute sa famille pensât comme elle. Un de ses enfans, le croiriez-vous, sert aux rangs des Français.

Gabrielli, *riant*. Et la sorcière l'ignore ?

Comer. Saint Marc, à temps, le lui apprendra.

Dans ce moment, un bruit inusité se fit entendre. A cette heure avancée, les patriciens, étonnés du tumulte qui s'élevait sur le grand canal, soulevèrent les rideaux, coururent au balcon. D'autres avaient fait comme eux; une quantité de Vénitiens tenaient des lampes, des bougies, se montraient à leurs croisées; tous regardaient la surface obscure et tranquille de la mer. Là, on distinguait une gondole surchargée d'un fardeau gigantesque et hors de proportion avec le socle qui le soutenait; de cette masse partaient des serpentaux, des pétards, des soleils d'artifice ayant tous la forme d'une cocarde tricolore. Bientôt les sons aigus d'une trompette, prolongés en forme de défi, remplirent l'air, et une voix forte et sonore dit par trois fois : « *Malheur à Saint-Marc! Gloire à la république française!* »

A cette proclamation impie, de chaque croisée des rues des lieux voisins, ripostèrent des imprécations de colère, de haine, de vengeance. Cinq cents gondoles de la police ou des particuliers s'élancèrent pour atteindre celle d'où venait de partir cette insolente attaque. Elle restait immobile au lieu de chercher à fuir; on admirait l'audace incompréhensible de ceux qui la montaient... On allait les atteindre; déjà les gondoles assaillantes manœuvraient à son approche avec difficulté, tant leur nombre devenait embarrassant.

Alors la masse gigantesque posée sur le dôme de son cabinet se développa rapidement; une quantité innombrable de fusées, de pots à feu, de chandelles romaines, d'éclats de bombe, de feux du Bengale, s'allumèrent à la fois en dehors de la gondole, et illuminèrent le grand canal; puis un aérostat colossal entièrement rempli d'air inflammable, par un procédé nouveau, monta rapidement dans les airs, emmenant avec lui les téméraires qui avaient eu la charge d'insulter à Venise, et, sur un transparent qui s'éleva avec eux, on put lire long-temps la phrase impudente qui avait si justement appelé le courroux des Vénitiens. Quant à la gondole abandonnée, l'artifice l'ayant incendiée, on s'en écarta à force de rames, dans la crainte d'une explosion criminelle; elle n'eut pas lieu, mais les flots engloutirent et firent disparaître à jamais ce qui aurait servi de pièces de conviction.

Un coup aussi hardi, tellement extraordinaire, conçu, médité, excité dans Venise même, annonçait que tous les habitans ne haïssaient pas les Français. Qui donc penchait pour eux ? quelle association les aiderait dans une guerre téméraire? ce fut le point que les trois patriciens traitèrent pendant la meilleure portion de la nuit, sans en obtenir la solution.

## III.

LA JEUNE VÉNITIENNE.

> Heureux le pays où les hommes se sont
> moulés aux exigences du gouvernement.

A mesure que le jour avançait, la foule grandissait sur la place Saint-Marc et sur la Piazetta. L'événement extraordinaire de la nuit fournissait la matière de toutes les conversations. Cette fois, la majorité des habitans, prenant le parti de la police, frémissait d'indignation d'un acte qui sans doute n'appartenait qu'à d'indignes citoyens. On multipliait les dénonciations dans les gueules des lions de la galerie de Saint-Marc; chacun fournissait les renseignemens qu'il croyait aider à mettre sur la voie; mais nul ne pouvait dire d'où la gondole était sortie; toutes sont coupées sur le même modèle, les dimensions sont pareilles, le même drap noir les recouvre; qui en voit une les a toutes vues.

On parlait bien de deux hommes qu'on aurait vus sortir nuitamment d'une casa située dans la stanza San-Geminima; qui se seraient promenés sur la Piazetta et que deux autres individus auraient abordés. Ils avaient tous causé ensemble pendant une heure au moins, dans l'entre-colonnes; ce qui, grace à la superstition vénitienne, était propre à attirer les regards; mais ces quatre individus s'étaient séparés; deux, entrés dans un café de la place Saint-Marc, y auraient été perdus de vue; des deux autres, l'un s'était fait conduire en bateau, et l'autre aurait poursuivi son chemin par les ruelles.

Tout cela n'apprenait rien. Néanmoins on reçut la déposition des dénonciateurs ; on sut que le conseil des Dix était demeuré en séance pendant plusieurs heures que, celui des Trois (les inquisiteurs d'État), dans leur costume de cérémonie, c'est-à-dire masqués jusqu'aux dents, auraient été voir le doge. La grande gondole de l'État, aux douze rameurs, demeura en pane jusqu'à la nuit close, contre le quai du palais ducal, et une morne consternation remplit Venise.

Sur ces entrefaites, Piédro cheminait dans une rue qui court derrière la chapelle de la Seigneurie, lorsqu'un masque, qui venait derrière lui, le heurta légèrement d'une baguette dont il jouait. Le jeune homme, accoutumé à cet appel mystérieux, se retourna lentement, vit la figure encapuchonnée, et, ralentissant son pas, donna le loisir à l'autre de le rejoindre. Lorsque tous les deux furent sur la même ligne, le personnage déguisé se mit à dire :

— « La bourse de Piédro Marni est-elle vide?

— « Oh! répliqua l'interpellé, vide, autant que l'est ma conscience, de toute pensée contraire à Saint-Marc.

— « On sait que le bravo Piédro est un des meilleurs enfans de la sérénissime république; mais on sait aussi qu'entre tous il a le cœur le plus ferme, le poignet le plus vigoureux et le stylet le mieux affilé.

— « Dame, Signor, quand on vit du service de la pratique, il faut bon pied, bon œil, du courage à l'épreuve et une arme qui ne se brise que dans la plaie.

— « As-tu employé le verre.

— « Et du plus aigu et du plus fragile, excellence.

— « Et combien coûte le bris d'un aussi joli instrument?

— « C'est selon, Signor, ce que l'on a à faire; pour un patricien plus que pour un cittadino;

pour un procurateur plus que pour un avogador [1].

— « Pour le général en chef des armées de la république française? demanda l'inconnu en baissant la voix comme s'il eût craint d'être entendu, même de son interlocuteur.

Celui-ci, à cette question, frissonna dans tout son corps; il lui sembla qu'un souffle infernal et glacé parcourait ses veines, à tel point le froid le gagna. S'il fut prompt à ouïr, il fut lent à réfléchir, lent à répondre, mais enfin, et faisant un effort violent, tandis qu'une sueur fatale l'humectait comme s'il eût été en présence de la mort :

— «Oh! per Baccho! jamais tel nom n'est entré dans le tarif d'un bravo...... Quoi! frapper de vie à trépas, hé! un sei.... un sac..... un génér..... Que Satan se charge de cette besogne funeste!.... Allez, esprit tentateur......Si pour-

---

[1] Ce titre était donné, à Venise, aux membres des tribunaux qui remplissaient les fonctions équivalentes à celles de procureurs et d'avocats du roi parmi nous.

tant saint Marc en péril implorait le stylet du moindre de ses enfans, alors....... je ne dis pas.... il y en a, dit-on, une provision dans la basilique sacrée : que le doge ou un des Trois me commande, et alors....

— « Il ne s'agira que de la récompense....

— « Un tel coup, Excellence, est cher...... très-cher...... si cher..... que saint Marc seul, selon moi, pourra le payer à son fils.

— « Saint Marc, repartit l'interrogateur, apprécie déjà l'admirable désintéressement du bravo; sans doute que lui seul, au paradis, pourra lui solder sa tâche; mais, en attendant, et dans ce palais qui s'élève tout contre, un nommé signor Cornato, trésorier des menus deniers de la république, a, je me suis laissé dire, ramassé, dans divers sacs de peau de chien, quatre mille sequins qu'il remettra au bravo intelligent, soumis et fidèle.

— « Quatre mille sequins ! s'écria Piétro en faisant ensemble claquer ses mains, c'est plus que la rançon d'un roi.

— « Ce sera le début de la fortune de qui délivrera le grand conseil de son ennemi ; on lui réserve en outre une maison sur la rive des Schiavones, (des Esclavons) toute meublée, une felouque confisquée sur ces damnés Français, et, en plus, la protection des Trois qui met fin à toute procédure de la part des Avogadors. »

Piédro, pour cette fois, crut voir les cieux ouverts ; le péril n'entra pas en ligne de compte dans cette ame aventureuse ; il fit un bond prodigieux, mugit à la manière des taureaux, puis, tombant à genoux devant le Lucifer terrestre :

— «*Signor, excellenza, illustrissimo principe*, s'écria-t-il encore, que je perde ma part de la montagne de l'agneau ! que je ne revoie jamais ma douce patrie, si je ne remplis de point en point le commandement des patriciens.

— « Qui parle de patriciens ici, repartit sévèrement l'inconnu, qui, en oubli du canal Orfano, prononça leur nom sacré : ce n'est ni eux, ni la citadinance, ni les ouvriers du port, ni les gondoliers du Lido, ni toi, ni moi qui voulons la mort du pêcheur ; c'est Venise tout entière qui, menacée dans sa vie, renvoie la balle dont on l'a frappée. Venise jeune, leste, belle, élégante, pleine de chaleur et de vie, qui ne veut pas qu'on la précipite dans une vieillesse anticipée, dans un tombeau infect qu'elle ne mérite pas. Bravo, sois digne de ce nom ; fais tes conditions, mais exécute; marche : on te facilitera les moyens du succès. Si un mot t'échappait, tu pourrais le finir, peut-être, mais certainement tu n'entamerais pas le second. Écoute maintenant ce que je vais tracer à ton intelligence.

« Le général ennemi vient d'écrire à la sérénissime Seigneurie avec cette arrogance qui doit être châtiée. Le sénat, en conseil du doge, envoie vers ce jeune présomptueux le sage grand patricien et procurateur de Saint-Marc, Pesaro. Voici une lettre de recommandation que je me suis procurée pour il signor Zuccolfati, son majordome; il est hors de doute que celui-ci, par égard pour l'honorable chevalier Contarini, un de nos vénérables patriciens qui loge provisoirement sur la paroisse de San-Barnabé, sans pour cela en avoir moins de droits aux respects de la citadinance, te prendra, dis-je, au rang des serviteurs de la maison de l'illustrissimo Pesaro. Dès lors, tu agiras; tu as zèle, intelligence, amour de Saint-Marc... besoin de l'avenir : Dieu fera le reste. Le sage-grand Pesaro a d'autres soins que les tiens; il ne te distinguera pas du reste de sa famille [1]. Toi, ne cherche point à t'attirer ses regards : ce serait un manége périlleux, inutile. Quand tu croiras pouvoir frapper le coup, adresse-toi au signor Zuccolfati, pas plus tôt; alors prie-le de te procurer les moyens de rentrer à Venise, cela suffira; tu verras si on t'abandonne. Fils chéri de Venise, elle immolerait dix mille Français, livrerait cent combats avant que de te laisser au pouvoir des ennemis.

[1] On donne en Italie le nom de famille à la réunion de tous les domestiques d'une grande maison : le majordome ou le *capo di casa* (tête de la maison) en est le chef.

— « Et si je manque le coup ?

— « Cela est impossible; n'es-tu pas le premier des bravi, et notre invincible patron ne veille-t-il pas sur toi ? Enfin, poursuivit l'inconnu en hésitant, et comme s'il lui eût coûté de tant accorder à un misérable... enfin, si, par cas, tu croyais avoir besoin d'assistance... de conseils... de secours... appelle à haute voix : *Soldats de Saint-Marc! soyez en aide à un des vôtres.* Alors la terre s'ouvrirait plutôt que de te laisser manquer de protecteurs... Mais, mon ami, songe que, plus on te fait la chance belle, plus le châtiment..... Adieu, Piédro; les Trois te protégent, Saint-Marc te conduira. »

Lors l'inconnu se recula jusqu'à une ruelle voisine; là, il disparut sans que le bruit de ses pas annonçât, ou qu'il fuyait sur les dalles, ou qu'il sautait dans une gondole.

Piédro, immobile, fit le signe du salut; puis, s'élevant de toute sa hauteur, jetant en avant sa large poitrine, il porta autour de lui un regard insolent et fier.

—« Oh! dit-il, je ne suis plus un bravo vulgaire, celui du citadin, du juif opulent ou du patricien pauvre; non, j'appartiens à la Seigneurie, aux Dix, aux Trois... Je m'en doutais bien que je n'étais pas fait pour cheminer long-temps parmi cette canaille qui me siffle sur ma pauvreté. Maintenant, je peux faire bande à part, mon rang est marqué, entre tous, le premier... Gondoliers, gens du port, qu'on se range, voici le bravo de Saint-Marc. »

Gonflé de ces pensées présomptueuses qu'il n'osait pas faire connaître même au silence de la nuit, Piédro Marni descendit vers un de ces quartiers encore plus isolé que celui où il avait fait la rencontre mystérieuse, vers l'église des jésuites, voisine de la pleine mer. Là, parvenu en face d'un manoir de modeste apparence, il frappa légèrement deux coups. Une figure charmante, coiffée à la vénitienne, parut à une fenêtre du *primo piano* (premier étage), et, d'une voix douce comme la mélodie d'une flûte, demanda ce qu'on voulait.

— « Te voir, t'embrasser, ma pure, ma

fraîche Anella, me reposer près de toi des courses et des tracas de la journée.

—« Tu rentres enfin, débauché, misérable, lui fut-il répondu en riant; je devrais, pour prix des frayeurs que tu me causes, te faire coucher à la belle étoile en la compagnie des anges du firmament.

— « Et des femmes sans vergogne de Venise, dit Piédro sur le même ton; car, depuis le Prégadi ici (la Piazzetta), j'en ai plus rencontré de celles-là, que de chérubins du Très-Haut. Je ne sais à quoi veillent les seigneurs de la nuit [1]. »

Pendant ce colloque à moitié entendu réciproquement, Anella Marni, légère comme une fée, était descendue, ou, pour mieux dire, avait franchi un escalier ouvert, et soulevé, d'une main plus vigoureuse que ne le témoignait l'apparence, les crochets qui retenaient la porte extérieure. Piédro, en entrant,

---

[1] *Gli signori della notte* : titre donné à Venise aux sbires, aux archers du gouvernement.

5.

tint ce qu'il avait promis, et le baiser fraternel qu'il donna lui fut rendu avec une vivacité charmante.

— « O frère, dit-elle, je suis heureuse; toutes nos palombes ont pondu; mes vers à soie ont la meilleure mine possible; l'hiver n'a gâté aucune de nos provisions. Nous sommes riches pour cette année; tu pourras te reposer.

— « Tant mieux, cela me laissera plus de loisir pour te chercher un mari. »

L'aspect riant de la physionomie d'Anella disparut, comme une décoration théâtrale obéit au signal du machiniste.

— « Un mari, dit la jeune Vénitienne en faisant la moue, un ennemi de mon bonheur; as-tu besoin, toi, d'une femme ?

— « Dieu me préserve de la chercher, douce Nella; où la trouverai-je, qui te surpasse ? Il ne s'agit pas de me marier.

— « Voilà parler en homme sage; à quoi bon l'hymen ? vaut-il notre vie simple, confiante, chaste? Nous querellons-nous? jamais. Piédro, tu es un bon garçon, la fleur des gondoliers, le roi des bravi. Que me donnerais-tu? un citadin qui nous humilierait, un voleur de la Calabre ou de la côte de Dalmatie : je sais que pour une femme il y a là de la gloire et du profit; mais la sœur du bravo vénitien n'est-elle pas honorée, considérée? Vais-je à Mestre, à Malamoco, partout on m'envie; les jeunes filles veulent être à ma place, et je m'aperçois que les jeunes gens ne seraient pas fâchés de m'avoir pour sœur. Crois-moi, restons comme nous sommes.

—« Oui, comme nous sommes, tu dis bien... Encore un voyage... je m'établis... j'achète une maison sur la plage des Esclavons, entre Saint-Marc et l'Arsenal, au plus beau de Venise... je charge avec quatre mille sequins d'économie une belle felouque, et les ports de Trieste, de Zara, de Raguse, de Corfou, d'Ancone, d'Otrante, ne connaissent plus que le patron Marni, et sa chère sœur tient à Venise l'auberge la mieux achalandée du lieu.

—« Fou, dit Anella en secouant la tête, as-tu besoin d'un château en Espagne?

—« C'est la réalité.

— « Et comment?

— « Je te le dis encore, un voyage.

— « Mais au moins, Signor, vous n'en ramènerez pas une femme.

— « J'y laisserai le dernier, le meilleur de mes *amis*.

—« Ah! tu as donc un bon ouvrage, et tu me conteras.....

—« Que la mer passe sous le pont de Rialto, que le Bucentaure repose dans l'Arsenal, le reste, Nella, sont lettres closes. Je suis bravo, et nous sommes à Venise. »

# IV.

## LE COLLÉGE.

> Presque toujours l'apparence remplace la réalité. o

La famille du doge venait d'achever, avec le concours des huissiers de la Seigneurie, d'approprier la salle *del collegio* à sa destination particulière. Ils se retiraient, lorsque le chef dit à ses subordonnés qui se plaignaient de la fatigue, qu'avant peu, la multiplicité des séances du collége leur laisserait peu de loisir.

—« Oh ! ces Français! ces diavolini francesi! se dirent-ils tous ensemble... Et saint Marc ne nous en délivrera pas!

—« Le saint se fait jacobin, dit un d'eux; n'a-t-on pas trouvé ce matin des cocardes tricolores sur chacune de ses statues; et la cocarde nationale, celle de l'antique Venise, jaune et bleue, était à terre et souillée. »

Un nouveau concert de malédictions s'éleva; on se demanda si on avait découvert l'auteur de l'insolente mystification de l'aérostat? nul ne savait rien de satisfaisant là dessus. Les domestiques partirent.

C'est dans cette salle que se rassemblait le collége. Composé de vingt-trois sénateurs chargés des affaires extérieures de la république, des mémoires et notes des ambassadeurs, il préparait en outre les affaires qui devaient aller au Prégadi. Ce conseil, qui se titrait *Pieno Collegio*, réunissait le doge, ses dix conseillers (*capi di quaranti*), les six sages-grands, les cinq-sages de terre-ferme, ceux de l'ordinaire du président de semaine, et des vingt-trois sénateurs plus haut dénommés.

Là, le secrétaire de l'ambassadeur, qui avait une note à lire, l'apportait, en faisait lui-même la lecture en présence d e cette auguste compagnie; puis on l'engageait à partir en lui promettant une réponse qui avait lieu, mais de vive voix.

Ce haut collége avait maintenant à s'occuper d'un cas majeur; il fallait répondre au général en chef des armées de la république : et le doge, et les Dix, et les Trois se reculaient de cette responsabilité. Ce soir-là, le collége convoqué devait résoudre cette importante mesure.

La salle, ornée avec la sévère et pompeuse magnificence de Venise, est plus longue que large; autrefois, dans le fond opposé à la porte d'entrée, était un trône sans dais, et dix places de chaque côté, séparées par des espèces de bras de fauteuil couverts de maroquin; lorsqu'un plus grand nombre de siéges devenait nécessaire, on en apportait; ce qui avait eu lieu cette fois.

Au dessus du trône, Paul Véronèse a peint notre seigneur Jésus-Christ, accompagné de la Foi et de la Justice, qu'implorent à genoux le fameux général et patricien Veniero et les siens, vainqueurs des Turcs.

Au plafond, le même maître, variant les productions de son génie sublime, a représenté la ville de Venise marchant entre la Justice et la Paix; elle contemple la Foi envolée sur des nuages, et elle offre un sacrifice au Dieu qui dirige tout. Autour, dans des cartouches isolées, sont représentées huit vertus morales; plus loin, la scène change: la mythologie mêle ses rians aspects à notre sévérité catholique. D'une part, le dieu Mars se dispose à défendre Venise; de l'autre, Neptune est conduit par les amours vers la reine de la mer.

Tout cela est conçu de ce grand goût de composition, de couleur et de vaste ordonnance de cet habile maître. La noblesse de l'art y manque parfois; jamais la grace, l'élégance, la vie, n'y font faute. On admire, on se tait, et l'on conçoit que l'on fût fier d'être Vénitien, lorsque, assis au collége, on pouvait attacher son attention sur ces peintures merveilleuses.

Vers le fond de la salle, une manière de tente carrée fermée par d'immenses paravens, formait comme un cabinet séparé, d'où l'on pouvait tout entendre sans jamais être vu. Là sans doute, se tiendraient les Trois, ou un deux inquisiteurs d'État, masqués; leur présence était nécessaire pour valider les délibérations.

A l'heure précise, tous les *priés* (pregadi) arrivèrent à la fois; un grand tumulte annonça le doge. Il s'avançait avec une sorte de cérémonie, même dans son palais. Il aurait pu se dispenser de cette pompe inutile; mais le bon Manino, homme nouveau, faible, inaccoutumé aux grandeurs de la république, aimait à en entendre le bruit; ce tumulte plaisait à son oreille. A tout âge on a du goût pour les hochets.

Les rangs étaient réglés avec une telle immuabilité, que, là, jamais presque n'avaient lieu ces querelles de préséance, si communes dans d'autres États, qui en troublent la majesté en lui faisant perdre des heures précieuses.

Le doge, toujours vêtu de sa robe pourpre et or, coiffé du corno qui ne le quittait jamais, marchait majestueusement appuyé sur les épaules et soutenu par les bras de ses plus anciens conseillers; c'était un reste de la servilité de l'Orient, un reflet des Bazileous de Constantinople; un souvenir de ce temps où le sérénissime prince se qualifiait de *seigneur d'un quart et demi du saint empire romain*. Hélas! l'éclat de cette époque s'était perpétué, mais la puissance réelle avait disparu, Venise n'était plus qu'un fantôme; et, avant peu, tout, jusqu'à cette ombre vaine, disparaîtrait.

Chacun assis, le chancelier de la république, paré de sa robe violette, richement fourrée, se leva humblement; car, bien qu'il remplît la seconde place de l'État, il était loin du dernier des patriciens, et, d'une voix d'autant plus humble qu'il devait craindre qu'on ne l'accusât de se réjouir en secret de l'infortune du patriciat :

— « Sénateurs, seigneurs, sages-grands, sérénissime doge, un but grave vous a fait convoquer. Je viens, au nom de sa Sérénité, vous dire que le général en chef de la république française, monsieur... Non, le général Bonaparte a écrit au sérénissime prince, non en termes convenables, mais avec des expressions telles... Au reste, vous allez entendre cette lecture sans pareille. Écoutez-la, méditez-la, vous déterminerez la réponse à y faire. »

Alors le chancelier lut lentement en affectant de longs repos; il ne détourna rien, et, à mesure que les phrases arrogantes frappaient les auditeurs, le dédain, la colère de celui-ci éclataient dans une proportion pareille. Arrivé à la fin :

— « Qu'attendrons-nous plus long-temps,

s'écria l'impétueux Foscaro, pour rendre, à qui nous brave, outrage pour outrage. Quoi ! une république nouvelle, jeune de crimes, si jeune, qu'on ne lui connaît ni ascendans ni pères, s'arrogerait le droit de manquer au plus antique patriciat de l'univers. Sénateurs, ce n'est pas la première fois que je demande la guerre; alors elle était nécessaire. On se joua de moi, on me blâma; j'avais tort; la fortune a pris soin de me justifier.

— « Patriciens, aux armes ! Vous voyez l'Europe travailler, courir à la victoire pour se dérober au péril plus grand qui la menace. Ces derniers venus veulent nous enlever nos habitudes; ils veulent qu'il n'y ait plus de noblesse; nous ne sommes que nobles. Il leur plaît de verser le sang innocent; à Venise on ne fait mourir que des coupables. Nos sujets sont nos enfans; chez eux, leurs citoyens sont uniquement des esclaves. Tout nous divise; acceptons cette désunion. Il faudrait, pour trouver grace devant le général Bonaparte, la ruine totale de notre constitution; édifier sur des débris, appeler les passions, exciter la populace à la haine et à l'égorgement des nobles.

« Je vote pour qu'une alliance ait lieu, entre sa majesté l'empereur d'Allemagne d'une part, et de l'autre la sérénissime république de Venise. Faisons des levées, équipons des vaisseaux, armons nos sujets, combattons pour le bon droit, et saint Marc sera pour nous. »

Dans le grand conseil, ce discours véhément, et réuni à des proportions plus amples, aurait produit un grand effet; la jeune noblesse aurait applaudi à des pensées généreuses; mais, dans le collége où il n'entrait presque que des vieillards, on s'épouvantait de ces paroles téméraires qui pouvaient compromettre l'existence du pays.

Un Tiépolo, de cette grande maison ducale, et dont un membre avait tenté de renverser l'édifice du patriciat, un Tiépolo, dis-je, demanda la parole. Il atteignait sa quatre-vingt-septième année; une longue expérience des affaires le forma à la diplomatie, à la politique. Administrateur intègre, négociateur délié, il avait lutté avec succès contre tous les cabinets de l'Europe; nourri dans sa jeunesse à Constantinople, aux intrigues du fanar, il connaissait les ruses grecques, les astuces turques; il avait vu que la patience valait mieux que l'impétuosité; et, cette fois, il appliqua mal à propos les règles de la politique vulgaire à une époque toute d'exception. Il ne voulait pas voir que la république française, et Bonaparte avec elle, n'accepteraient rien des anciens usages, et qu'ils marcheraient par une route non encore creusée et que de leur main ils ouvriraient.

— « Je ne me serais pas imaginé qu'un jour naîtrait où l'expérience des siècles serait mise en balance avec les fantaisies d'un jeune sénateur (Foscaro avait cinquante-huit ans). Il demande la guerre, il la veut; il la lui faut... La faut-il à la sérénissime république? Saint-Marc en a-t-il besoin? Sommes-nous prêts? Non; le trésor est vide; l'arsenal est désert, les matelots sont sans expérience nautique;

les soldats de terre ferme portent avec eux un germe de désorganisation. Deux grandes puissances sont aux mains, laissons-les combattre; leurs insultes seront passagères; on nous dédommagera : nous aurons sauvé Saint-Marc. Si, au contraire, nous nous unissons à l'empereur, la France nous conquêtera, pour, à la paix venue, nous offrir en indemnité à l'empereur, notre allié, qui acceptera ce dédommagement; si nous tournons vers la France, il faudra changer la constitution : un tel mal est irréparable. La ligue de Cambrai nous livrait à l'Europe; qui nous sauva? la guerre? non, la paix; nous cédâmes à l'orage, et, avant peu, tout nous revint : tout nous reviendra de même en temps opportun. Évitons tout contact; empêchons que les opinions françaises ne franchissent le littoral; tant que les lagunes subsisteront, Venise garde à ses ennemis le destin du roi Pepin[1]. Croyez-moi, sénateurs,

---

[1] Pepin, fils de Charlemagne, attaqua Venise en 810, lui fit beaucoup de mal, mais ne put entrer au Rialto. Les Vénitiens de ce grand revers firent une victoire.

ne nous séparons pas de notre ferme politique; toute la question de vie et de mort est là : de la résolution que vous allez prendre, notre sort sera fixé. Je vote pour une neutralité demi armée, peu menaçante; laissons passer la tempête; l'heure viendra où le lion de Saint-Marc fera trembler de son rugissement les deux rivages de la mer Adriatique.»

Le conseil entendit avec un assentiment marqué l'avis qu'émettait cette vieille expérience; cependant il ne se déterminait pas encore. Un membre du tribunal des Dix, élevant la voix, engagea le sérénissime prince à donner son avis. Manino prit ce vœu pour un ordre; il ne pouvait se croire, malgré l'inscription de sa famille au livre d'Or, malgré les deux cents ans environ d'exercice du patriciat, malgré la dignité souveraine dont il était revêtu, se croire, dis-je, complètement aggloméré avec la noblesse vénitienne. Heureux de sa grandeur, on l'avait vu, depuis le jour où il entra au grand conseil, ne pas laisser passer un seul jour sans fréquenter le Broglie; il s'y mêlait familièrement, même avancé en âge, aux brigues innocentes de la jeune noblesse, en affectant toujours une déférence extrême pour l'antique patriciat; enfin, depuis, monté au faîte des honneurs, il n'était pas encore rassuré sur la légitimité de la possession du corno; aussi répondit-il soudain à l'appel d'un Memi si ancien parmi ses supérieurs.

— « Signori, dit-il, la neutralité a ses risques, sans doute; mais la guerre a les siens bien supérieurs. Qui pourrait, d'ailleurs, commander nos armées, les patriciens faisant tous à Saint-Marc le sacrifice de leur génie, tous se maintenant dans une égalité parfaite? Des étrangers? Quels? des Anglais! La république ne peut confier ses forces de terre à un militaire sujet d'une puissance maritime. Des Allemands? L'empereur aurait trop de crédit sur eux... Je pencherais à donner à un patricien la mission honorable et patriotique d'aller auprès du général en chef des Français, à l'effet de traiter, de s'entendre avec lui pour qu'il accepte que Venise ne se prononce pas entre deux peuples, ses chers alliés.

Ceci rentrait trop bien dans la manie funeste de la noblesse vénitienne pour qu'on n'y applaudît pas. La jalousie dévorait réciproquement les cœurs du patriciat; aucun n'aurait voulu que son égal acquît une haute gloire militaire, soit en commandant les recrues esclavonnes, dalmates, les levées des sujets de terre ferme, soit en conduisant la flotte comme au beau temps des Dandolo, des Zeno, des Pisani.

Le *mezzo termine* ouvert par le doge emporta presque tous les suffrages; on décida quelles dépêches on remettrait à l'ambassadeur auprès du général républicain; puis le conseil, d'accord avec le doge, nomma le procurateur Pesaro.

Celui-ci, patricien de haute naissance, au lieu de perdre sa jeunesse dans les vains plaisirs du Casino de la place Saint-Marc, et dans cette frivole galanterie de courtisanes, ainsi que faisaient les nobles adolescens, avait consacré son temps à des travaux opiniâtres; il étudia les lois, les usages, les mœurs de son pays, les compara à ceux des autres peuples. Il voyagea, il vit, remarqua, réfléchit et rentra homme fait à Venise.

Il était bon diplomate, administrateur consommé; il aurait fait au besoin un militaire habile. On a vu peu d'intelligences ouvertes comme la sienne; son coup d'œil était aussi lucide que prompt; excellent citoyen, s'il affectionnait peu la France, du moins il redoutait l'Autriche; il aurait sacrifié les priviléges de sa caste pour conserver l'indépendance de Saint-Marc: c'était là sa pensée constante; il se flattait d'y parvenir. Il en fit part au Sénat; mais, dans les États qui s'éteignent, il ne faut pas leur demander de se ranger aux idées généreuses; on ne les comprend pas assez pour en sentir l'importance; on prenait ses avis, et puis on lui liait les mains.

Sa nomination venait d'être consommée. Le chancelier lui en expédiait une copie conforme à l'original, lorsqu'un tumulte véhément se fit entendre; des pas se croisèrent dans la salle des gardes; bientôt un patricien qui veillait en dehors, soit au mystère, soit à la sûreté du conseil, entra précipitamment.

— « Qu'est-ce? demanda le doge; vous ici, seigneur Condulmer?

— « Ah! prince sérénissime, les règles antiques de Venise n'existent plus; d'insolens voisins contraignent les enfans de Saint-Marc à manquer à leur auguste père.

— « Que se passe-t-il donc? dit à son tour Foscaro, lui, membre du tribunal des Dix, et pour cela peu appuyé lorsqu'il avait conseillé la guerre. »

Le patricien Condulmer, ainsi interpellé:

— « Noble sénateur, un Français, un aide-de-camp de Bonaparte....

— « Hé bien!

— « Est à Venise!

Tous: — « A Venise!

— « Oui, excellences; et là, dans la salle voisine, il veut parler au sérénissime prince.

— « Lui! c'est impossible, dit le vieux Tiépolo.

— « L'ambassadeur, M. Lallemand, le lui a fait entendre; il a répondu qu'il n'en persistait pas moins; j'ai voulu lui conter que sa Sérénité, en l'accueillant, manquerait à l'étiquette : il a ri, a tiré sa montre, et, élevant la voix : « *Si dans dix minutes je ne suis pas admis, dans douze je déclare à Venise, au nom de la république française, une guerre d'extermination.* »

A cette déclaration audacieuse et arrogante, le collége tout entier s'entre-regarda; il y eut plus d'un patricien qui s'écria : *Hé bien, que les dix minutes s'écoulent*, mais la majorité, toujours poltronne et frappée de lâcheté, conjura ces imprudens téméraires de ne pas jeter en contre-poids dans la balance du sort, l'épée du jeune Brennus, le glaive émoussé de la république.

Cependant, admettre un étranger en séance

dans le collége, non pour y lire une note diplomatique, mais pour y discuter, étonnait même les membres des Dix présens. Alors, et du cabinet temporaire dressé dans un angle de la salle à l'aide de plusieurs paravens, on vit sortir un patricien vêtu d'un domino noir soigneusement encapuchonné. A Paris, à Naples, cette apparition eût fait rire; à Venise elle épouvanta. Le demi-tumulte élevé s'apaisa soudain. On venait de signaler un inquisiteur d'État, un des terribles Trois.

Ce fantôme s'avança majestueusement sans paraître s'apercevoir de l'effet produit par sa seule présence, et, quand il fut en face du doge, il monta sur le trône, et puis, s'adressant au doge, sans lui faire aucune autre soumission qu'un salut unique et bref, il lui parla familièrement; et, quand il eut fini, il se retira avec aussi peu de cérémonie. Tout aussitôt, après son départ, le doge, reprenant la parole :

— « Sénateurs, dit-il, une vieille amitié nous lie avec la France; faut-il, pour si peu de divergence dans les idées, pour une interprétation mal séante du droit des ambassadeurs, nous quereller réellement avec une sœur puissante et chérie. Noble Condulmer, le doge de Venise, en conseil, vous intime de conduire ici le jeune aide-de-camp de notre très-cher ami le général Bonaparte. »

Les sénateurs, étonnés de la condescendance prodigieuse de Louis Manino, baissèrent honteusement leur front, surtout pendant la présence du dépêché des Trois qui venait de décider la question. Pesaro, Foscaro, Tiépolo, quoique d'opinions diverses, se réconciliaient en cette circonstance pour déplorer l'avilissement où tombait Venise; mais celui qui réclamait la neutralité ne comprenait pas que cette insulte nouvelle, provenait de la résolution *fraternelle* qui achevait d'abaisser Venise devant toutes ses rivales.

D'une autre part, un vif sentiment de curiosité dominait ces esprits légers et méticuleux; ils brûlaient de l'envie inconsidérée de voir ce Français, surtout de l'entendre : un soldat recruté dans un village des provinces, comme tous à peu près l'étaient dans les bataillons jacobins tiendrait un langage singulier. C'était au moins un bizarre choix que de lui confier une ambassade importante.

## V.

**BONAPARTE.**

> Il est des hommes dont toute l'histoire
> est dans leur nom.

Le jeune, l'élégant, le gracieux aide-de-camp du général Bonaparte, brave comme son chef, et à ce chef tout dévoué, le vaillant Andoche Junot, était à Milan au palais Serbelloni où logeait l'état-major de l'armée française. Retiré dans sa vaste chambre où l'on remarquait un bouleversement peu commun ; il était assis devant une large table de marbre blanc surchargée de nombre de liasses toutes à dépouiller pour la plupart, d'une écritoire à laquelle il touchait rarement, et d'une bouteille de vin de Montefiascone. Lui tâchait à la fois, et de rédiger un rapport dont Napoléon fût satisfait, et de classer dans quelle catégorie des vignobles français cet échantillon italien devrait être coté.

L'envie de faire son devoir, surtout de plaire au général, luttait avec le penchant qui l'entraînait à traiter à fond la thèse bachique ; plus d'une fois il avait changé de liasse, et tant que le bras lui en faisait mal ; plus d'une fois aussi son gobelet vide avait manifesté de la conscience qu'il mettait à remplir le double mandat.

Au milieu de cette occupation pénible pour un guerrier qui va de franc jeu, on vint à lui.

— «Commandant, dit le planton, le général vous demande.

— « Déjà, mon brave! s'écrie Junot en le retenant de son poing de fer. Où vas-tu si vite? tu es ministre plénipotentiaire, puisqu'on te dépêche vers moi, aujourd'hui ministre plumitif d'un malin qui veut que le sabre de ses aides-de-camp taille aussi proprement les plumes administratives que les oreilles des hussards de la mort... Bois à ma prochaine rentrée. »

Cela dit, lui vide son verre, prend plusieurs notes importantes, et court où il est attendu, et comme on va vers celui qui ne veut jamais attendre.

La nuit, ai-je oublié de signaler, était avancée. Tout dormait dans Milan, où peut-être les yeux seuls du général et ceux de Junot étaient ouverts, car le planton, qui avait fait sa commission, ronflait déjà, immédiatement après avoir bu deux coups du Montefiascone. L'aide-de-camp parcourut vite une longue galerie en marbre blanc, au bout de laquelle, et après avoir soulevé les portières somptueuses en étoffes d'or et de soie (l'argent, les perles n'y faisaient faute ); là, Junot reprit l'attitude militaire, et, ayant élevé sa main à la hauteur de son chapeau, il attendit l'interpellation du général.

Napoléon Bonaparte, naguère obscur officier, s'était dernièrement révélé à la France, dans la canonnade du 13 vendémiaire. Mari de la veuve du général en chef, Alexandre, vicomte de Beauharnais, il venait en un an de conquérir toute l'Italie, soit par les armes, soit par son influence. Parvenu au faîte de la gloire, un autre se serait reposé; lui croyait à peine avoir commencé sa carrière.

Petit, chétif, pâle, maigre, ayant la figure alongée, le teint bilieux, les cheveux blonds, mal poudrés et retombant symétriquement *en oreilles de chien* sur l'une et l'autre tempe, il ne paraissait pas bien portant au premier abord; souffrait-il? cela pouvait être. Sa démarche était chancelante, incertaine, et ses mains blanches, pareilles à celles d'un convalescent. Mais, lorsqu'il avait lancé sur nous un de ces regards d'aigle ou empreints de la foudre qui le servait en toute circonstance, on ne retrouvait pas en lui l'être accablé par la nature, mais bien un géant d'ame, de cœur, de génie, le dominateur du monde et le prochain régulateur des nations.

Toujours travailleur, actif, infatigable, il dévorait à la fois le temps, l'espace, les hommes et les intelligences; il demandait à tous ce qui pour lui était un jeu, et devenait pour autrui une fatigue surnaturelle.

L'Italie, l'Allemagne, tremblaient à son nom. Ce n'était pas un grossier sans-culotte, vainqueur à la manière des camarades de Robespierre, mais un gracieux, subtil, délicat, rusé diplomate, jusqu'au jour où, voulant en finir, il écrasait par la terreur de son renom ceux attirés par le charme de tant de gloire.

L'Italie, ne pouvant le voir tomber sous la tactique savante de la vieille école des compagnons de Frédéric-le-Grand, lui avait préparé, dans les bosquets parfumés de Monbello, les jardins enchantés d'Alcine et d'Armide; où une foule de vénus charmantes réclamèrent de lui la pomme et le mouchoir. Vaine tentative! le héros, fidèle à l'hymen, ne demanda des faveurs qu'à la victoire; et celle-ci, flattée d'une constance aussi absolue, se complut sans relâche à lui prodiguer ses lauriers.

Cette nuit, il s'était dérobé à un cercle où la diplomatie étrangère, et, en secret, mieux encore celle du Directoire, avaient appelé les jolies femmes de Milan, de Bologne, de Parme, de Come, de Lodi, de Crémone, de Plaisance, de Montza. On s'attendait à ce que le général, à la vue du périlleux escadron, dirait : *A demain les affaires*; mais lui, insensible et froid à tout ce qui n'était pas la gloire, avait fui de ce cercle de fleurs; et, dans son cabinet, au palais Serbellonni, s'attachait activement à en finir, soit avec l'empereur d'Allemagne, soit à fixer, par un coup d'éclat, l'irrésolution de la république de Venise.

— « Oui, se dit-il, oui, ces fiers pantalons ¹, ces illustrissimi facquini ², cesseront de résister à ma politique large, droite, claire. La leur, tortueuse, étroite, mesquine, pitoyable, me gêne, m'embarrasse, sans que je puisse la comprimer, la repousser, l'anéantir; j'y sèche à la peine; mon impatience ne s'accommode pas de cette tactique. Par là, morbleu, elle disparaîtra.

Il sonna. On vint.

— « Dandolo!

— « Oui, général.

On sortit. Deux minutes après, Dandolo avait paru.

Dandolo le Vénitien par excellence, quoique né en terre ferme, patient, soumis, prudent, réservé tant qu'il le fallait pour son avantage; hardi, téméraire, effronté, homme de conseil, d'exécution, de tête et de main. Il n'apparte-

---

¹ Titre de mépris que, dans l'Italie, on employait pour désigner les patriciens de Venise.

² Autre épithète injurieuse pas moins méritée, mais en usage comme la précédente. Au reste, en Italie, *facquini* veut dire non *faquins*, mais *portefaix*.

naît pas à la famille célèbre dont il portait le nom, et néanmoins tirait partie de cette homonymie. Simple apothicaire à Venise, compris dans la citadinance, Vincent Dandolo, dévoré de patriotisme et d'ambition, s'était promis, dès la venue des Français en Italie, qu'il leur aiderait à franchir les lagunes pour coiffer le lion de Marc du bonnet de la liberté. Haineux contre un despotisme arrogant, insupportable, il abhorrait d'autant plus le patriciat, qu'il ne pouvait se flatter de l'obtenir. Il se fit républicain; ainsi plus tard il prétendrait se faire noble : c'est la route que, depuis 1789, tous les avides ont suivi ; c'est en s'affublant le front d'un chiffon rouge que plus tard ils l'ont ceint d'une couronne de comte.

Vincent Dandolo, tantôt sous un prétexte, et puis sous un autre, venait en terre ferme pour parler à Napoléon; il lui faisait part des dispositions vénitiennes, lui peignait les nobles en masse. Dès lors, Napoléon devinait la marche du grand-conseil; il lui indiquait le point faible du Lido, l'état présent de l'armée et celui de la flotte, de l'arsenal où il s'était ménagé des amis; enfin, la superbe cité si chère à Neptune était déjà comme livrée, par un de ses enfans, à son plus mortel ennemi.

Vincent Dandolo, ce même soir, arrivait de Venise; il apportait de nouveaux renseignemens. Napoléon l'écouta avec une attention réfléchie, lui fit peu répéter ce qu'il lui disait.

L'un expliquait si bien; l'autre comprenait avec tant de promptitude!...... Tout à coup, le général s'écria :

— « C'est trop attendre! frappons le dernier coup. Dandolo, retournez à Venise; je vais envoyer après vous un plénipotentiaire, homme...... grave..... ( il riait ); il charmera vos patriciens par son aplomb; il terminera nos différends, et ce ne sera pas ma faute si Venise ne devient pas raisonnable.

— « Ce qu'il y a de très-assuré, général, c'est qu'elle ne sera jamais franchement républicaine.

— « Qu'importe ! pourvu que la France s'en trouve mieux.

— « Ah! général, je croyais que vous aspiriez à délivrer le monde.

— « Pensez-vous, Dandolo, que, pour cela, il faille le pousser dans l'ornière sanglante dont ma patrie vient de se retirer avec tant de peine. La république est un leurre auquel les fous se laissent prendre; c'est presque partout un état de transition. Au moyen de ce mot, on abat ce qui existe; on le remplace provisoirement par un fantôme ou par un château de cartes, et, au jour où la poire est mûre, on la cueille; ou, pour mieux dire, les intrigans et les nouveaux venus s'établissent dans le domicile de leurs prédécesseurs. Ne vous attachez pas à cette chimère ; acceptez, acceptez une monarchie large, véhémente, forte, et vous en retirerez des avantages immenses.

Dandolo, qui comme tous les humains avait aussi son dada, allait répondre. Napoléon ne lui en laissa pas le loisir, car aussitôt il se mit à sonner de nouveau, et Andoche Junot parut.

— « Junot, lui dit le général, je te destine une mission diplomatique.

— « Ohimè, repartit l'aide-de-camp en faisant une grimace comique...... moi, général, je deviendrais ambassadeur; faites-moi colonel, j'y aurai meilleure grace.

— « Non, tu représenteras très-bien la république : tu as de la tenue.

— « Oui, sous les armes.

— « Tu parleras.

— « Je jurerai.

— « Tu discuteras.

— « A coups de sabre ; ce sera ma diplomatie. Où m'envoyez-vous ? à Rome....... Je donnerai le bal au sacré collége.

— « Oh! non, dit Bonaparte en riant, la comédie serait par trop gaie ; mais à Venise.

— « Auprès des sérénissimes pantalons ; est-ce pour me marier avec la mer, hymen, qui tous les ans, refroidit diablement l'imagination. Au demeurant, laissez-nous faire; je vous promets, sous peu de temps, de vous présenter, dans le corno du doge, les oreilles de toute la seigneurie.

— « Allons, répliqua le héros en badinant, ne leur fais pas trop de peur, et sois sage.

— « Je ne serai insolent que lorsque ma diplomatie sera armée; maintenant je pelotterai en attendant partie. Ferai-je venir de Paris mes équipages, ma vaisselle, mon mobilier?

— « Tu vas enfourcher ton meilleur cheval; tu prendras deux lieutenans et deux grenadiers en renfort; et, comme ton conseil a besoin d'être augmenté, j'y adjoins le signor que voici.

— « Ah! nous y retombons, s'écria Junot en faisant la moue. Voilà, comme au vieux temps, la diplomatie embarlificotée de *dons*, de *donnes*, de signors, de signoras, toute cette race de Milanais, de Lucquois, de Piémontais, de Corses......

— « Te tairas-tu, langue de vipère, dit Napoléon plus haut que lui, déverse ton venin sur des Françaises. Explique-moi pourquoi tu ne te ressouviens jamais que ton général est enfant de la plage d'Ajaccio.

— « Hé! le moyen, avec lui, de le croire autre que fils de la Victoire; je le vois né dans un nuage, et non pas sur cette terre maudite.......

— « Commandant Junot, dans deux heures vous partirez.

— « Oh! ma tête, ma folle tête, disait ce loyal guerrier, elle me nuira, j'en suis sûr....... Avec tout autre que lui, soit.... avec lui le servir, l'aimer et mourir. »

Dandolo, charmé de cette scène originale, souffrait moins de l'abaissement de sa patrie, depuis qu'il voyait les vainqueurs se déchirer eux-mêmes; il suivait Junot, il entendait ses imprécations, et se demandait :

« Sont-ce là ces hommes, si supérieurs en présence de la guerre et de l'ennemi. »

Le temps fixé par Napoléon n'était pas écoulé, que Junot chevauchait vers les lagunes; il arriverait par la poste de Vérone, tandis que Dandolo, pour mieux détourner les soupçons, se rendrait à Padoue. Chacun mettrait pied à terre de son côté; au bas de l'escalier de Saint-Marc, Dandolo; l'autre au palais de France, chez l'ambassadeur, le citoyen Lallemand.

Le Directoire, avait choisi pour négocier avec un gouvernement fameux par la diplomatie, un homme peu capable, bien intentionné sans doute, mais qui a passé inaperçu. Lallemand ne sut pas remplir à Venise le rôle convenable; il fut complètement joué par les patriciens, et, avec tout autre que Napoléon Bonaparte, Venise, notre adversaire, notre assassine, aurait impunément répandu le sang français.

Junot, après un voyage rapide, arriva chez lui. Il l'étonna étrangement en lui annonçant que, sans employer les formes du cérémonial, il prétendait, dès le même jour, se rendre au palais du doge.

— « Sans le faire prévenir ?

— « Oui, citoyen.

— « Cela ne s'est jamais vu.

— « Tant mieux ; on ne le dira pas une seconde fois.

— « Vous ne serez pas reçu.

— « Vous le dites.

— « Ce sera.

— « Nous verrons..... Ne pas recevoir l'aide-de-camp du général en chef Bonaparte, allons, allons, quel badinage! Loin de me faire mauvais accueil, Saint-Marc, avec son attirail de doge, de sages-grands, de procurateurs, de conseils de tous calibres, de tribunal des Dix ou des Trois, patriarche, chancelier, chanoines de Saint-Marc, avogadors, que sais-je, toute la foule accourra sur mon passage, en fils de bonne mère, en patriciens bien polis. »

Le bon Lallemand secoua les oreilles, et ne put jamais entendre cette prétention, charmé de n'être pas mêlé à une scène qui commençait aussi bizarrement. Quant à Junot, aussi calme que le jour d'une bataille, il s'habilla, se para avec goût, choisit son bel uniforme, son écharpe d'aide-de-camp la plus neuve, le plus beau plumet tricolore, dont il para son chapeau ;

puis, accompagné de ses deux lieutenans, de ses deux grenadiers, il partit pour affronter la majesté de la république vénitienne, avec autant d'aplomb que s'il eût eu à son commandement une armée de cent cinquante mille hommes. Celui-là ne douta jamais du concours de son épée, et il se crut invincible par cela seul qu'il était Français.

L'ambassadeur Lallemand n'avait pas trompé Junot en lui peignant la stupéfaction que sa volonté extraordinaire imprimerait au cœur des Vénitiens. Le patricien Condulmer, chargé du soin d'assurer l'indépendance du Sénat, ne se doutait pas du cas où il prendrait un rôle qui n'aurait pas eu encore son pareil.

Il n'exprima pas à la Seigneurie tout ce qu'il ressentit au moment où Junot, l'abordant avec un aplomb admirable, lui signifia que, porteur de dépêches et de paroles pour le sérénissime doge, il prétendait les lui transmettre sans intermédiaire, et en présence de ses assesseurs. Condulmer tâcha de lui faire comprendre que la requête était une opposition avec la règle de l'État; Junot l'écouta froidement, et puis, reprenant, lui dit :

— « A moins, Monsieur, que les lagunes ne puissent engloutir l'armée française jusqu'à son dernier homme, il est certain que je verrai le doge aujourd'hui.

Puis, ayant tiré sa montre, il recommença le cercle moral de Popilius Lenas[1]. Condulmer conclut en conseillant d'admettre l'aide-de-camp ; ceci était une autre inconvenance ; mais qui raisonnait alors à Venise?

Junot entra droit et ferme, sans trop d'audace, sans effronterie aucune, mais avec ce calme qui sied si bien au vainqueur et au fort; il salua militairement le doge, le conseil, tandis que ses yeux cherchaient à quelle place honorable il s'assiérait, puisqu'on ne lui en offrait aucune encore. Dans ce moment le

---

[1] Ce Romain, envoyé en ambassade vers Antiochus, roi de Syrie, traça un cercle autour du monarque, lui déclarant qu'il n'en sortirait pas sans s'être déclaré pour la paix ou pour la guerre.

chancelier quittant son fauteuil à bras pour aller, par l'ordre de Manino, conférer encore de cet incident avec les inquisiteurs d'État, Junot fit signe à ses deux grenadiers de lui apporter ce siége et il s'y campa paisiblement.

A cet affront fait à la Seigneurie, les officiers subalternes du sénat se sentirent réellement vénitiens; car le désir leur vint de punir cette injure atroce : un d'eux déjà cherchait au pli de sa robe un stylet. Le procurateur Pesaro devina le mouvement et l'arrêta par un geste. Les camarades de l'officier ne se retinrent pas de jeter sur les Français des regards de haine et de vengeance.

— « Sérénissime prince, dit Junot, il faut en finir; mon général veut savoir si vous êtes ses amis ou ses adversaires. Sommes-nous en paix ou en guerre? parlez. Si c'est en guerre, elle est de par Dieu trop nonchalante, et j'aurai l'honneur de vous faire voir comment nous la menons; si c'est la paix, pourquoi le sang français coule-t-il impunément dans les pays soumis à votre domination ?

— « M. l'aide-de-camp, repartit le sage prince, au Ciel ne plaise que Saint-Marc se sépare de ses plus anciens amis; la France est aujourd'hui notre sœur, elle nous est chère; nous nous intéressons à ses victoires; mais aussi devons-nous attaquer, après plusieurs siècles de paix et de très-bonne intelligence, le saint empire romain, et particulièrement S. M. l'empereur en sa qualité de roi de Bohéme, de Hongrie, d'Illyrie, de souverain duc d'Autriche, haute et basse, de Carniole, de Styrie, de Carinthie, de Tyrol. Ceci non plus n'est ni convenable ni bien, ne l'exigez donc plus... Laissez-nous aimer tous nos amis, les aider de nos conseils, de nos vœux, de nos prières; nous ne dépasserons pas cette règle de prudence à laquelle Venise tient d'autant plus qu'elle lui doit son repos et sa tranquillité.

— « Ainsi les mêmes mots serviront à la même réponse.

— « Monsieur, reprit le doge, à l'heure précise où votre impatience à raccommoder nos discords vous a porté à surmonter nos règles invariables; à cette heure, dis-je, un sénateur-procurateur de Saint-Marc, allait partir pour votre quartier-général ; c'est là que notre affection *sororelle* pour votre sérénissime république transporte la discussion. Le sénateur Pesaro est muni de tous pleins pouvoirs, carte-blanche, saufs-conduits, etc., etc.; en un mot, il a tout ce qui prouvera là-bas ce que notre tendresse concède à l'exigence de votre cour.

— « Ma cour, répondit Junot plus qu'étonné du propos, j'ignore ce que vous entendez par là; il n'y a plus de cour en France, de monarque, de courtisans, surtout de nobles; non, ils ont disparu, ces arrogans.

— « Citoyen, dit le vieux Tiépolo qui, rempli d'une colère patriotique, ne parlait qu'avec peine; vous oubliez qu'où vous êtes maintenant, ces nobles par vous si dédaignés règnent.

— « C'est, dit Junot en frappant la terre du pied par forme de mépris, c'est pour cela que nous prétendons vous amener à un état de guerre qui nous autorise à établir autour de Saint-Marc cette liberté, cette égalité qui y prirent naissance et que des olygarques étouffèrent dans son berceau.

— « Monsieur, dit le doge en se soulevant de son siége, pour se grandir, on montre à Venise une mansuétude sans bornes et un respect incroyable au titre d'ambassadeur, puisqu'on vous laisse exhaler vos blasphêmes. Si vous ne veniez pas au nom du général notre ami..... hé bien, tous les Vénitiens, le doge, lui-même, malgré son âge et ses infirmités, vous demanderaient raison des outrages que, sans motifs, vous venez d'exhaler contre le patriciat. »

A ces paroles chaleureuses et chevaleresques, à cet accent qui partait du cœur, les citadins, les huissiers, les *seigneurs de la nuit*, tous, se prosternant aux pieds du doge, crièrent *Vive Saint-Marc!* et firent à Dieu le serment solennel de n'abandonner la cause de Venise que lorsque la noblesse elle-même aurait abdiqué le pouvoir.

Ce fut un beau moment pour Venise, un mouvement électrique dont il eût fallu profiter: on n'en tira aucun fruit. Il expira et le souvenir s'en est perdu.

## VI.

**SUITE DU CONSEIL.**

*Le soleil qui se lève a plus de force et moins d'éclat que le soleil qui se couche.*

Une porte secrète s'ouvrit, dans la chambre de Junot, dans le temps que celui-ci écrivait à Napoléon ; il entendit le bruit des gonds, se retourna avec vivacité, et, reconnaissant Vincent Dandolo qui déjà quittait, non son domino, mais son demi-masque :

— « Ceci est donc semblable aux mystères d'Udolphe que je viens de lire[1]? Vous avez, dans toute votre Italie, des souterrains, des trappes, des corridors mystérieux, des escaliers qui ne sont pas connus : c'est commode pour des amateurs; mais à Venise où le gouvernement en profite.....

— « Qu'est-ce, repartit Dandolo, que ces rumeurs dont la ville est remplie? On parle d'un aide-de-camp de Bonaparte qui a défié le doge et toute la seigneurie à un combat singulier.

— « La fable du pot au lait, reprit Junot en riant; on a retourné le point complètement. C'est moi à qui tout Venise aurait proposé le cartel ; mais ma prudence, dont néanmoins on doute, m'a porté à l'accepter; voilà le vrai.

— « Hé bien ! on croit le faux ; on vous accuse d'outrage envers toute une ville où la vengeance est naturelle, et où vous trouverez votre tombeau.

[2] Le roman de madame Anne Radcliffe, intitulé : *les Mystères d'Udolphe*, parut, traduit à Paris, en 1796.

— « J'ignore où je finirai ma vie, dit Junot ; ce que j'affirme, c'est qu'en moi une voix intérieure m'apprend que l'ingratitude d'un ami sera le premier coup de vent qui éteindra la lampe de mon habitacle[1] ; mais vous, Dandolo, ne craignez-vous rien ? l'ambassadeur, dont l'épouvante change en stylets jusqu'à l'air que nous respirons, l'ambassadeur consterné jure que ses rapports journaliers lui apprennent que ni vous ni moi ne sortirons vivans de ce lieu.

— « Nous sommes sous la main de Dieu, répliqua l'apothicaire-diplomate : un cheveu de notre tête n'en tombera pas si sa volonté ne l'ordonne. J'espère qu'il est las du gouvernement turpide que nous combattons.

— « Pour ma part, si on m'expédie, je partirai content ; car, comme M. de Pourceaugnac, à qui on appliqua le revers de la main sur le visage, je leur ai bien dit leur fait. En vérité, j'ai

---

[1] Nom donné au lieu où, dans un vaisseau, on enferme la boussole.

8.

presque du regret de ma scène d'hier, au conseil ; ma foi, je leur ai dit ce que, pendant huit siècles, on leur avait tû ; j'ai trouvé piquant de faire le peuple à moi tout seul, d'autant plus qu'avec mon très-cher patron, c'est un plaisir que rarement on pourra se permettre... Je gage qu'il va trouver cela jeune pour un ambassadeur... et lui c'est un compère à se faire roi tout seul, au jour où il en aura la fantaisie.

Junot, sous son insouciance, déguisait de son mieux son inquiétude réelle ; emporté par une fougue naturelle, il avait maltraité le patriciat ; enfin, le doge, en levant la séance, avait pu seulement faire finir le débat indécent. Il connaissait, d'une autre part, son général ; il lui savait un respect profond pour les choses établies, et des vues qui s'accommodaient mieux avec celles des nobles de Venise, que celles des jacobins de Paris ; aussi il ne doutait pas que Napoléon ne le querellât, et pis encore, ne le rappelât aussitôt que le bruit de cette scène lui serait parvenu.

Junot, imprudent au delà de toute croyance,

avait, au milieu de la querelle, oublié que le général en chef tenait à faire expulser du territoire de Venise et de l'enceinte de Véronne un grand personnage qui, depuis plusieurs années, y jouissait d'une hospitalité qui lui était agréable.

En succédant à son malheureux neveu, lui, mourant roi dans un cachot, et lui recueillant dans l'exil cette couronne royale si fatale, sa majesté très-chrétienne, roi de France et de Navarre, respirait à Véronne, du consentement des Vénitiens, des traverses sans nombre qui l'atteignirent dès sa sortie de France. Le patriciat avait ressenti pour lui une digne pitié; il s'était rappelé l'honorable patronage des rois français, leur amitié avec les rois Henri III et Henri IV, la protection permanente envers eux, depuis la ligue de Cambrai.

Le Directoire de la république, inquiété de la présence du roi légitime de France dans le nord de l'Italie, avait enjoint à son général d'en obtenir l'éloignement; ceci était le point capital de la négociation confiée à Junot, et le seul qu'il eût négligé : aussi était-il médiocrement satisfait; la frayeur entrait dans cette ame intrépide, au souvenir de Napoléon. Il en résulta que, le lendemain, le malencontreux ambassadeur fit appeler Dandolo et lui confia son embarras.

— « On tâchera de retirer de votre route cette pierre d'achoppement, dit Dandolo.

— « Je voudrais savoir quelle voie vous emploierez pour y parvenir.

— Que vous importe, excellence, repartit Dandolo en ricanant; il y a dans la diplomatie des mystères que je mettrai en jeu; c'est un art qui consiste à faire difficilement ce qu'un homme, non politique, achèverait en un tour de main et sans peine : la science est presque toujours l'art de jeter de la poudre aux yeux. Retenez bien ceci, et c'est encore mieux que *Goddam*, le fondement de la diplomatie [1]. . . . . . . . . . . . . . . . . .

[1] Ceci est une allusion et une plaisanterie connues de Figaro dans la pièce de Beaumarchais, intitulée : *le Mariage de Figaro, ou la folle Journée.*

Après un instant de silence, la conversation reprit. Dandolo essaya de faire entrer dans l'imagination chevaleresque de Junot quelques formes de la diplomatie vénitienne; il ne put y parvenir : le Français ne comprenait pas que les volontés de son général ne fussent pas obligatoires pour le doge et ses conseillers.

Ceux-ci, lorsqu'ils se trouvèrent en présence de ce caractère fougueux, eurent beaucoup à faire pour conserver la dignité de leur rang; car, avant tout, ils étaient vénitiens; et eux non plus ne se rangeaient à la possibilité que leur grandeur fût tellement déchue, qu'on pût les insulter inpunément.

Junot avait un grief majeur à leur reprocher, et il ne voulait néanmoins le faire qu'indirectement. Il y avait, à Véronne, une autre de ces étoiles tombées que Venise honorait d'une hospitalité généreuse; sa présence auprès d'une armée française contrariait l'habile Bonaparte, et il prétendait que cet inconvénient disparût. J'en ai déjà parlé : c'était Louis XVIII, alors roi titulaire de France.

Tandis que ces scènes se passaient au palais de l'État, le même domino qui avait déjà traité avec Piédro se remontra devant lui, le lendemain matin, au moment où il allait sortir. Piédro reconnut le masque, et, venant à lui, il demanda si l'on avait changé d'idée ou s'il devait se préparer à partir.

—« Avant deux heures, présente-toi au majordome du provéditeur Pesaro; celui-là, sur le vu de cette lettre, te mettra au nombre de la famille du noble patricien; mais comme, peut-être, tu n'as pas les fonds disponibles pour faire honorablement la route; comme aussi ton travail ne nourrira pas les tiens, tes amis m'ont chargé de te remettre ce viatique.

En même temps, une bourse pesante tomba dans les mains du bravo. Le poids, le son, la couleur du métal qui brillait à travers les mailles de la soie pourpre, annoncèrent à Piédro une somme telle que jamais il n'en avait manié une pareille. Il l'examina machinalement pendant une minute avec cette attention contemplative de qui se voit surpassé dans ses vœux ; mais, se ressouvenant qu'il devait remercier le donateur, il releva vers lui sa figure joyeuse............ Le masque avait disparu.....

— « *Addio, illustrissimo principe!* s'écria-t-il dans son contentement ineffable ; adieu, bienfaiteur de la famille Marni, la plus ancienne du Lido parmi celles des gondoliers et des bravi........ Oh! oh! hé! oh! Anella, viens voir des boules d'or, des aiguilles d'argent, des peignes d'écaille, des colliers de corail, des pièces d'étoffe de velours et de soie, qui t'arrivent tous ensemble, et néanmoins que j'enferme dans ma main. Croiras-tu, bella Zitella, aux quatre mille ducats, et à la félouque, et à la maison, notre propriété. Voici une portion du trésor, ou plutôt un échantillon de ce que sera le reste.

Pendant que le bravo appelait sa sœur, elle, montée au plus haut de la maison, travaillait dans une manière de belvéder d'où l'on avait la vue de la pleine mer et des côtes lointaines du rivage autrichien. La perspective était immense. La jeune fille brodait; ses yeux ne se lassaient pas d'admirer la magnificence du spectacle : il lui rappelait un chant que sa voix mélodieuse tarda peu à embellir de sons harmonieux. En voici les paroles :

### LA MER ADRIATIQUE.

#### BARCAROLLE VÉNITIENNE.

Mer tranquille, mer vaporeuse,
Qu'effleure d'une aile d'azur
L'hirondelle, chaste amoureuse,
Reine de l'air suave et pur,
Aucun souffle encore ne ride
Le miroir de ton beau cristal ;
Et cependant, ô mer perfide !
Malheur à qui sort du canal !

L'onde, mollement balancée,
Vient mourir en flots caressans
Au pied de la tour élancée,
Orgueil des patriciens puissans.
Que la vague est chaude et limpide !
Comme elle bat le haut fanal !
Et cependant, ô mer perfide !
Malheur à qui sort du canal !

Paré de fleurs et de guirlandes,
Le vaisseau part; il fuit le port.
Saint-Marc a reçu ses offrandes,
Son canon tonne pour le fort ;

Mais tout à coup un gouffre avide
L'attire vers un roc fatal;
Et le nocher dit : Mer perfide,
Malheur à qui sort du canal!

La Vénitienne débitait son chant avec tant d'expression de mélancolie, et Piédro était si bien Italien pour tout ce qui tenait à l'harmonie, qu'il suspendit l'élan de sa joie jusqu'à ce que sa sœur eût achevé sa chanson; alors il l'appela avec plus de vivacité, et elle descendit rapidement.

— « O sœur! dit Piédro, gente sœur, compte.... compte... cent....cent cinquante.... deux cents sequins, et tout cela pour m'aider à faire le grand voyage. Douteras-tu dorénavant que les mille ducats me fassent faute; je les recevrai et je les gagnerai si vite.......... Un pauvre petit coup de stylet.

Nella partageait la joie de son frère, en présence de ce monceau d'or; elle ne se ressouvenait plus du prix auquel on lui vendait cette fortune; mais, aux derniers mots de Piédro, elle tressaillit, et une sombre pâleur effaça momentanément les roses de son teint.

— « Piédro, Piédro, dit-elle, le bonheur ne marche-t-il pas le premier? n'avons-nous pas à craindre qu'il ne se lasse lorsque tu aurais tant besoin de son aide. Certes, je vais cacher précieusement ce trésor, afin qu'il serve à tes noces; mais, sur mon travail journalier, je ferai dire une messe, chaque matin, dans une des églises de la ville. Il y a, vois-tu, des saints meilleurs les uns que les autres, et, à force de chercher, on finit par s'adresser aux bons. »

Cette pieuse impiété ne choqua point le bravo qui la trouva naturelle; il se récria sur la fantaisie qu'avait Anella de réserver les fonds venus miraculeusement pour l'occasion de son mariage. Il dicta, au contraire, à la jolie fille ce qu'elle achèterait de plus élégant pour relever l'éclat de sa parure; puis, retirant vingt sequins que, de la bourse du masque, il fit passer dans la sienne, il acheva ses préparatifs de voyage, et se rendit sans retard chez le majordome du provéditeur Pesaro.

Un simple regard jeté sur la lettre qui recommandait le bravo décida vite de son admission dans la famille de l'envoyé, et, peu d'heures après, le signal ayant été donné, une gondole de l'État portant le pavillon de Saint-Marc, ce qui la rendait sacrée et hors des visites de la douane, glissant rapidement sur les flots, partie de la Piazetta, se dirigeait vers la terre ferme. D'autres gondoles de suite, sous la sauve-garde du même pavillon, l'accompagnaient, et les élans joyeux qui s'en élevaient annonçaient que les valets ne possédaient pas la gravité imposante du maître.

# VII.

## UNE MAISON VÉNITIENNE.

> Là, tout date de la même époque : les hommes et les lois ; les mœurs et les édifices ; aussi tout croulera ensemble.

— « Hé! la fille, la belle fille, pourriez-vous nous indiquer le maître de la maison ?
— « Signori, cela me sera d'autant plus facile que, mon frère étant absent, je peux bien dire que je suis la propriétaire du lieu

et prête à vous obéir, si mes soins vous étaient agréables.

— « Il serait difficile qu'on les refusât, tant ils présentent de charmes. Mais la maison, dites-vous...?

— « Est la mienne et à mon frère.

— « Ah! vous avez un frère...? N'est-ce pas plutôt un amant?

Anella secoua sa jolie tête; un sourire si gai, si naïf, passa sur sa fraîche bouche, et ses yeux bleus conservèrent tant de sérénité, que la profonde expérience de l'interrogateur lui accorda la sincérité de son assertion.

— « Alors, dit-il, soit; je vous concède tout ce que vous avancerez; il y a tant de charme à être trompé par une aussi divine raggazza! mais, en secret, en pouvoir de mari, de père, de frère, ou de mieux encore, nous direz-vous, si, la maison étant libre, il vous conviendrait d'en louer une portion. On nous a dit que des Anglais avaient demeuré ici, la vue en est belle, l'air y est meilleur que dans le centre des lagunes.

— « Ce n'est pas pour vanter notre propriété, reprit Anella, mais ceux qui ont pris gîte chez nous ne peuvent dans la suite s'accoutumer ailleurs.

— « Et sans doute, ajouta un second inconnu qui n'avait pas encore ouvert la bouche, le souvenir de leur charmante hôtesse n'a pas peu contribué.....

Ce compliment attira sur celui qui le faisait, l'attention de la Vénitienne. Elle vit un beau jeune homme à l'œil noir, fier et pétulant, dont la bouche, légèrement arquée, laissait briller des dents petites, nettes, blanches, véritables perles d'Orient; une chevelure de cette nuance heureuse et si rare, que je ne peux exprimer qu'en unissant les mots *chatain-noir-doré*, se déroulait en mille boucles annelées sur le front; en arrière, ils étaient fins, unis, soyeux, serrés, et présentaient à la lumière du soleil ou des bougies les plus doux reflets. Jetés coquettement sur la tempe droite, ils laissaient à découvert un front blanc, large, uni, signe de la force et de la capacité.

La taille était dégagée, la poitrine, ouverte et saillante ; tout le reste du corps, les jambes principalement plaisaient : on faisait attention à un mollet vigoureusement dessiné, musculeux, charnu sans trop de développement ; les pieds, quoique tourmentés par une marche journalière, réunissaient les conditions qui en font un chef-d'œuvre de la nature ; les mains avaient aussi leur prix, bien qu'une forte teinte de hâle prouvât que ce personnage-là ne s'était pas tenu à l'écart de la fatigue et du travail.

Un premier regard ne contenta point la jeune fille ; elle voulut en reporter un second sur l'élégant et fier étranger. Quant à lui, déjà charmé par la beauté peu commune de la Vénitienne, il lui avait suffi d'un coup d'œil pour reconnaître qu'auparavant il n'avait vu nulle part l'égale d'Anella, et que, dorénavant, il ne serait pas plus heureux s'il continuait cette recherche.

— «Signora, dit le premier interlocuteur, nous sommes aussi amateurs du grand air et des riches vues que tous vos hôtes précédens; nous aimons surtout la paix et la retraite. Je suis malade et chimiste; ce bon garçon me sert de compagnon, *de facchini*. (Il appuya en souriant sur le mot souligné). Il dessine, il fait de la musique, et va peu chercher hors de chez lui les délassemens que l'étude, le travail et la réflexion lui procurent.

— «Oh! dans ce cas, repartit Anella joyeusement, tout ici retiendra votre jeune homme; et, s'il est bon musicien, il pourra alléger le prix du loyer, en me donnant des leçons de chant et de guitare.

— «Vous deviendriez mon écolière! s'écria le jeune inconnu; vous m'accepteriez pour maître? Ah! vous n'ignorez pas à quel point mon ame serait flattée de vous occuper dans vos instans sérieux!

— «Il ne reste plus, à ce que je vois, Mademoiselle, qu'à convenir du lieu et du prix de la location?

— « Mon frère, s'il était à la maison, ne vous ferait pas des conditions pires que les miennes; vous prendriez le troisième piano, ayant vue sur *le fondamento nuovo*, et, par conséquent, en face de la pleine mer, avec la jouissance du four, du puits commun, de la grande citerne, de la terrasse et du belvéder. Votre logement se compose d'une salle d'honneur, d'une plus grande salle, de deux chambres donnant l'une dans l'autre, d'une petite pièce noire où couchera votre cameriere. Les lits sont en damas, presque tous garnis de leurs galons et franges d'or, avec échelle de même [1]. Cette magnificence *stupenda* ne vient pas de nous, mais du saint Abbato, notre voisin, à qui la maison appartient dans tous ses étages [2], et

---

[1] L'usage, dans l'Italie, est de tellement exhausser les lits à l'aide de matelas et de lits de plume, que, pour aider à y monter, il y a auprès de chacun une échelle ou un petit escalier recouvert d'une étoffe pareille à celle de l'ameublement.

[2] Très-souvent, en Italie, une maison appartient à

qui l'a garnie du trop plein de la sienne. Cela coûtera à ces messieurs un sequin d'or pour tous deux.

— « Un sequin ! c'est trop cher, en vérité, dit en goguenardant le jeune étranger. »

Quant à son compagnon, il affecta une physionomie solennelle et se mit à dire :

— « En effet, tout augmente de prix, et je trouve surtout énorme l'éloignement des affaires...

— « Mais vous oubliez la triomphante paroisse du Collége et de la maison professe des Jésuites. Là, vous, Signor, qui aimez les arts, jouirez des merveilles dues au suave Titien, aux Véronèses, tels que ceux qui en contemplent les beautés doutent que le maître se soit surpassé ; et, néanmoins, où n'a-t-il pas multiplié ses miracles ? Nous avons aux *Gésuiti* des Tintoreti, des Palma *vechio* superbissimes. Les marches du grand autel et les repos des

plusieurs propriétaires : on divise les étages et même ceux-ci. Les inconvéniens qui en découlent n'ont pu encore faire renoncer à cette coutume.

*piani,* imitent un gigantesque tapis de Turquie, tout en marbre de rapport, avec les jeux de lumières et d'ombres. Cela seul vaut le sequin que je demande pour un appartement dans le voisinage de cette stupéfiante décoration. »

Les deux étrangers se prirent à rire de ce moyen adroit de relever la valeur d'un appartement voisin de l'église *di Gesuiti.* Le plus âgé d'eux, mettant la main à la bourse, en tira le sequin neuf et d'or, qu'il laissa longtemps suspendu au dessus de la blanche main fine et potelée de Nella.

— « Hélas! dit-il, que l'argent est rare, qu'il est cher à gagner lorsqu'on en a besoin! Je ne sais si à Venise, on est plus heureux que partout ailleurs; si, dans cette ville florissante, l'or et l'argent y coulent en large fleuve; sur la terre ferme ce n'est pas de même: on y sait ceux qui lui veulent du bien ou du mal.

— « Venise, répondit Anella, est florissante et heureuse sous le gouvernement de ses patriciens.

— «Qu'elle le conserve long-temps! Partout ailleurs, on pleure les fautes des maîtres, et les sujets y sont écrasés.

— «Qu'ils viennent chez la reine de l'Adriatique; là, leurs souhaits, leurs désirs seront comblés. »

La conversation quitta le ton presque politique qu'elle avait pris ; elle s'attacha aux objets matériels. Anella promit que chaque matin une revue générale aurait lieu, et que l'œil du maître chercherait à satisfaire les hôtes.

Lorsque la sœur du bravo leur eut appris que son frère était en voyage; lorsqu'elle leur eut indiqué les divers passages de la maison, fourni l'eau, le linge nécessaires, elle se retira dans sa chambre à l'écart. Qu'on ne s'imagine pas que la belle Anella habitât seule la demeure vaste, quoique délabrée; deux ou trois familles de pauvres artisans y trouvaient le couvert et une sorte d'asile décent. Tous réciproquement se servaient de contre-poids, de surveillans, de gardes. D'ailleurs, la simplicité des mœurs à Venise touche de si près à la corruption, qu'il se fait là de singulières alliances, et des concessions telles, qu'aucune autre ville ne les tolèrerait.

L'appartement qu'on louait un sequin d'or par mois avait sa part de la magnificence que l'on rencontre dans le manoir italien le plus abandonné : les plafonds peints à fresque deux cents ans auparavant, et peut-être plus tard, par des élèves ou des fils d'élèves de Paul Véronèse et du Titien, représentaient des faits glorieux à l'histoire de Venise. C'était, dans la *camera reale* (la chambre royale), la guerre, dite de Chioya, entre les Venètes et les Génois; dans la chambre à coucher, c'étaient des perspectives de dômes, de galeries, de colonnades; le tout traité largement avec un talent remarquable, bien qu'abîmé en nombre d'endroits et singulièrement éteint par les exhalaisons dévorantes des vapeurs de la mer.

Les lits, autrefois dorés, et portant encore les armoiries des nobles maisons qui les avaient fait faire, étaient en effet en damas rouge. Mais que là aussi, la main du temps exerça de ravages! comme elle avait flétri, terni, taché, troué la noble étoffe et diminué les franges et les galons qu'Anella avait tant vantés! Des fauteuils immenses de même matière, mais dépareillés, des tables de chêne sculptées par d'habiles artistes, une de ces armoires d'ébène, à colonnes, qui servait de secrétaire; deux bahuts chargés d'arabesques en fer et cuivre, coffres à mettre le linge et les habits; tout, dans cette maison, était antique. Nul ne s en étonnait; c'était l'usage à Venise, où l'on ne renouvelait un mobilier que lorsqu'un palais avait disparu, soit consumé par les flammes, soit précipité dans la mer, en raison de sa caducité. En Italie, les meubles jeunes comme un édifice doivent durer autant que lui.

Lorsque les deux inconnus furent installés, le plus vieux dit à l'autre :

— « Hé bien, Paolo, le cœur ne vous dit

rien au moment où vous rentrez dans votre patrie ?

— « *Maladetto!* dit le beau jeune homme en frappant le plancher du pied, ma patrie n'est pas là où règnent des tyrans odieux, des despotes insupportables qui écrasent le peuple sous un joug de fer. Les misérables ! que n'ont-ils pas fait contre moi ! J'aimais une jeune fille ; elle me préférait à mes compagnons, j'allais être heureux : un patricien la voit, s'en éprend, m'ordonne de céder ma place ; je refuse. Les seigneurs de la nuit m'arrêtent, me précipitent dans les cachots souterrains du palais du doge. Deux ans après, on m'en retire ; je crois avoir fini mes tortures... Insensé! je connaissais peu les patriciens; on voulait que je subisse tous les genres de tortures. Je quittais celles du froid et de l'humidité (*des pozzi*); on me transporta sous les plombs (*y piombi*), les prisons aériennes du même palais. Là, pendant deux autres années, je fus livré à une chaleur dévorante pendant l'été, et aux rigueurs des climats du nord, pendant l'hiver. Quatre ans s'écoulent; on va me rendre la liberté..... Non! je suis encatalogué dans l'armée : l'on m'envoie à Corfou. Oh! dès que je pus briser mes chaînes, je me sauvai de cette île, je passai sur la côte grecque. Je courus mille dangers. Un vaisseau français me recueille; on m'y traite bien. Je viens en France, le général Bonaparte accepte mes services : je suis à lui à jamais, et, quoi qu'il me commande, je l'exécuterai.

— « Vous savez ce qu'il a confié à votre zèle. Les trois inquisiteurs d'État restent invisibles au milieu du gouvernement dont ils sont l'ame; Napoléon tient à les connaître afin de les attaquer directement; on sait que ce secret est renfermé entre le doge, ses conseillers, les sages-grands, les procurateurs de Saint-Marc et le conseil des Dix. En France, ce que tant de monde saurait ne resterait pas caché pour les autres. Ici, peut-être trouvera-t-on un traître; quelques subalternes sont aussi dans la confidence. C'est à votre adresse, à votre activité que cette tâche est confiée.

—«Elle n'est pas facile, reprit Paolo en hochant la tête, et néanmoins je suis peut-être le seul citadin qui pourrait servir le général... Entre le doge et moi, il n'y a qu'une personne, et celle-là aussi lit dans tous les mystères de l'État. »

Vincent Dandolo, car c'était lui-même qui pour se dérober aux soupçons que Venise commençait à former sur ses menées, s'était procuré un logement ignoré; Vincent Dandolo, dis-je, parut surpris de ce que lui disait si négligemment son beau compatriote ; ses regards seuls néanmoins en demandèrent l'explication.

— «Croyez à ce que j'avance, dit Paolo; je touche de près à une personne qui, je vous le répète, a passé sa vie à jouer un rôle dans la troupe de comédiens qu'on s'entend à désigner sous le nom de gouvernement; elle a aussi plus d'une fois tenu le fil de ces marionnettes qu'on appelle peuple, et, si elle voulait parler... Elle ne le voudra pas... elle n'ignore rien, elle sait ce que l'on dérobe aux regards de tous, et je me souviens que, dans ma première adolescence, et aujourd'hui il me semble que c'est hier, tant j'ai la mémoire fraîche des choses et des lieux, je lui dus, dis-je, l'inappréciable faveur de descendre dans le labyrinthe sacré et mystérieux où repose le corps de saint Marc. »

Ici, une idée parut frapper Dandolo; il allait parler, il s'arrêta à temps et laissa poursuivre le Vénitien haineux et implacable.

— « Oui, j'ai vu là, de mes propres yeux, cette auguste relique. Mes yeux sont encore éblouis de la clarté des bougies et du resplendissement rayonnant des rubis, des saphirs, des émeraudes, des diamans, des topazes qui ornent sa châsse. Oh! l'on peut bien dire que c'est là un lieu saint, et à la conservation de ce corps vénérable est attachée la puissance vénitienne. Un vieux dicton dit :

Quand saint Marc de sa grotte partira
Et qu'à son char sa main attellera
Les quatre chevaux qu'il amènera,

Le Bucentaure périra,
Et le pouvoir du Lion finira [1].

— « En effet, dit Dandolo, ma nourrice m'a bercé de ce quintin; je ne m'en souvenais plus..... Paolo..... continue à bien mériter du général et de ta patrie, oui, de Venise qui touche à l'heure de son affranchissement; tu puniras tes oppresseurs, tu libèreras tes concitoyens. Ce n'est point pour aider à l'ambition de la France que je marche d'accord avec ses agens; je veux me servir d'eux pour délivrer Venise d'une oppression de huit cents ans.

— « Je vous seconderai, Vicente; oui, comptez sur moi, je saurai les noms des inquisiteurs d'État, et, s'il faut plus.....

— « Ami, je ferai un appel à la mémoire.

[1] Quan' della grotta sua san Marco partirà,
E quando di sua man al carro attecherà
Gli quatro bei cavalli che via porterà,
  Il Bucentauro morirà
Ed' il Leon pontenza più n'avrà.

Que vas-tu faire pourtant? ne crains-tu pas qu'on ne te reconnaisse?

— « J'avais dix-huit ans lorsque ma captivité commença ; à vingt-deux révolus l'on me fit sortir nuitamment de Venise; j'en ai aujourd'hui vingt-six : j'ai grandi de quatre pouces dans les cachots du doge; mes traits se sont formés, et je parie que même ma maîtresse ne me reconnaîtra pas.

— « Tu comptes la revoir?....

— « Je ne sais; elle doit être infidèle.

— « Notre hôtesse est charmante.

— « Je m'en suis aperçu.

— « Ne fais l'amour que ce qu'il faudra pour dérober l'acte politique.

— « Ce n'est pas à Venise que le plaisir d'aimer fait oublier le désir de la vengeance.

— « Je craignais que tu ne fusses devenu Français.

— « Je suis Italien; je veux l'indépendance de cette terre chérie. Je me loue des peuples d'en delà les Alpes, mais rien ne me porterait à y finir ma vie, que la nécessité rigoureuse de l'exil. »

La conversation fut interrompue par Anella.

— « Signor, dit-elle, vous avez besoin d'un cameriere, m'avez-vous fait entendre ; j'ai un bon *ragazzo* (enfant) à vous proposer, tantôt gondolier, tantôt facchini : il sera ce qu'il vous conviendra.

— « Qui est-il ? demanda Dandolo.

— « Il est l'arrière-petit-fils d'une donna bien connue à Venise, la vieille Gargagna oubliée par la mort sur la terre, car elle a quatre-vingt-quatorze ans ; elle agit comme vous et moi, et, sans faire de tort à votre intelligence, son esprit n'est pas au dessous de celui que vous avez.

— « Elle vit donc encore, donna Gargagna ? reprit Paolo en frappant des mains.

— « Vous la connaissez, Signor ? demanda la jeune fille.

— « Quel est le bimbo qui, depuis cinquante ans, et né dans les lagunes, n'a pas été élevé à la crainte de Dieu et de la madre

Gargagna........ Je...... je...... la connais, et son descendant désire être mon cameriere?

—« Oui, Signor, le jeune Pablo ou Eblo, vif, fin, spirituel; on voudrait en faire un bravo. »

Dandolo regarda Paolo qui, d'un signe, lui donna son consentement. En conséquence le jeune Eblo ou Pablo Pulpi fut appelé par Nella. Il attendait au bas de l'escalier, et, en deux bonds il eut franchi les degrés; il parut vêtu d'une jaquette de toile verte, ayant un pantalon de même étoffe, une ceinture rouge autour de ses reins, et sur la tête un bonnet rouge aussi qu'il ôta pour saluer. Il s'en échappa une forêt de cheveux noirs, tous à tire-bouchon, qui couvrirent ses brunes épaules et son front. Sa physionomie eût été laide si elle n'eût pétillé de vivacité et d'imagination. Gracieux dans sa taille peu élevée, leste, rapide à la manière des oiseaux, il plut dès le premier instant à Dandolo qui crut voir une larme briller dans l'œil de Paolo qui évita d'abord de parler à son cameriere, et même se plaça de telle manière, que son visage ne fut pas éclairé par les rayons du soleil.

Les conditions furent bientôt faites. Les deux signori connaissaient les prix courans de la ville ; néanmoins ils furent généreux. Dandolo s'amusa à faire parler le ragazzo qui lui peignit Venise alarmée par l'approche des Français, mais disposée à leur opposer une vigoureuse résistance.

Au premier mot que Paolo prononça avec tout l'accent vénitien, Eblo tressaillit, il se retourna promptement, et ses yeux s'attachèrent à examiner celui qui venait de parler. Celui-ci soutint l'examen avec un calme parfait, il s'y était préparé : il n'eût été qu'un Vénitien indigne, s'il n'eût pas su dissimuler. Eblo, étonné de son indifférence, suspendit son interrogatoire muet ; mais dès ce moment il s'attacha d'affection au plus jeune de ses maîtres, qui d'ailleurs le traita avec une affection marquée.

## VIII.

**L'AIEULE ET LE PETIT-FILS.**

> La royauté paternelle est la première
> de toutes.

— « Hé ! madre Gargagna ! donna Gargagna, dit un Vénitien vêtu dans la rigueur du costume de la citadinance aisée ; l'habit noir complet, la petite mante de même couleur. Il tenait à la main une grosse canne, vrai jonc des Indes, garnie d'une belle pomme d'or, incrustée de rubis et de saphirs, pierres petites sans doute, mais montées avec un goût exquis.

—« Hé! madre Gargagna! donna Gargagna! répéta-t-il en frappant de sa canne sur le plancher, êtes-vous en compagnie humaine? recevez-vous le grand seigneur de là-bas, votre connaissance intime?..... Pardon, donna Gargagna, à Dieu ne plaise que je veuille vous offenser!.... Ne me répondrez-vous pas?»

Une porte, placée dans la partie la plus sombre d'une chambre au rez de chaussée et fort obscure dans toute son étendue, s'ouvrit lentement. La vive lumière qui s'échappa de l'autre salle se réfléchit sur une vieille femme, spectre réel tant elle rappelait les habitans de la tombe, au moyen de l'immense voile blanc dans lequel elle s'enveloppait; en même temps sa voix cassée, mais encore énergique, s'éleva.

—« Entre, Paolo, entre, mon cher enfant; sois le bien-venu dans une maison où l'on a souvent pleuré ta perte.

—« Eh! donna Gargagna, perdez-vous la mémoire, ou donnez-vous un nom commun à tous les étrangers qui viennent à vous. Je serais bien flatté d'être le Paolo que vous connaissez; mais je suis Napolitain, né à Salerne, et je m'appelle Guérin.

— « Lorsque le mauvais ange entreprit de tenter la femme, il changea de forme et se donna le nom d'un des êtres de la création, répondit la vieille femme avec autant de sévérité que de colère; certes, comme lui, tu dois avoir de bien mauvais desseins contre ta patrie, puisque tu n'hésites pas à te déguiser et à mentir.

— « Pourquoi le ferais-je? fut-il répondu en hésitant.

— « Pourquoi, dis-tu? Est-ce à moi que la question doit être adressée? qui mieux que toi peut lire dans ton cœur? Ah! Paolo! Paolo! le libertinage et la fréquence des étrangers ont donc bien corrompu ton ame? qu'elle est, malheureux! qu'elle est devenue noire! Tu devrais tomber, sinon dans mes bras, car tu peux ne pas t'en sentir digne, mais, au moins, à mes genoux pour tâcher de demander pardon. »

Le jeune homme, touché de cette allocution sévère, tremblait, balbutiait ; ses genoux fléchissaient sous lui, incertain sur ce qu'il devait faire, néanmoins maintenu par la réflexion dans la nécessité de son incognito.

— « Je vous le répète encore, vénérable signora, vous vous méprenez à mon sujet ; je suis Napolitain, je viens offrir mes services à la sérénissime république. J'ai fait des études profondes en l'art de la pyrotechnie, et on pourra m'employer utilement à l'arsenal ou dans tout autre poste important, car je sais faire des pièces d'artifice dont on ne se trouvera pas mal dans la guerre qui se prépare.

— « *Vade retro, Satanas !* ( en arrière, Satan ! ), s'écria Gargagna de plus en plus indignée; arrière, fallacieux Napolitain ! ennemi des deux cités, de saint Marc et de saint Janvier, homme à deux cœurs non moins qu'à deux visages ; il ne sortira rien de bon de tes secours et de ton travail... Paolo ! Paolo ! est-ce bien ? tu es en présence de ton aïeule, et ton ame est inerte, ta bouche, muette, tes yeux sont sans flamme! Ingrat! malgré ta conduite, vois les miens se remplir de larmes! mon sang s'échauffer, en dépit de ton peu d'amour! Et moi qui me flattais que tu venais me fermer les lèvres au dernier moment où elles s'entr'ouvriront pour livrer passage à mon ame; hélas! je suis bien punie de tous mes péchés par la renonciation que mon petit-fils bien-aimé fait de ma tendresse..... Eblo, le seul qui me reste de tant d'enfans mâles sortis de mon flanc, est, je le vois aussi, le seul qui veuille de ma mince fortune et de mon amour maternel.

— « Eblo, répéta Paolo, cette fois ému jusqu'aux larmes; mais il me semble que, hier, un jeune ragazzo de ce nom m'a si bien enjôlé, qu'il m'a contraint à le prendre pour cameriere.

— «Lui, ton valet! lui, né de ton sang! lui, sorti comme toi des mêmes entrailles! Et à quel but l'as-tu recueilli? Veux-tu le pervertir? égarer sa croyance? souffler en lui l'irréligion étrangère, celle surtout de ces odieux Français?... Paolo! Paolo! perds-toi si tu veux, mais respecte l'innocence de ton parent..... Allons, espiègle, dit la donna en lui prenant les mains, en l'entraînant debout vers la porte par où elle était venue et d'où jaillissaient des torrens de lumière, as-tu assez plaisanté? n'as-tu pas assez joué avec ta bonne avola ou nonna (mère-grand)? complété l'enfant prodigue, et, si tu veux qu'on tue pour toi le veau gras, songe qu'auparavant le repentir, en brisant son cœur, l'en avait rendu digne. »

Pour cette fois, Paolo ne put continuer à se vaincre; honteux même d'avoir poussé sa résistance aussi loin, il se précipita aux pieds de son aïeule en criant merci, miséricorde; en employant ces mouvemens ardens, impétueux, passionnés, si en usage parmi le bas peuple d'Italie. Gargagna, muette, mais de plaisir cette fois, employait sa fermeté à vaincre cet amour si grand des ascendans pour ceux qui naquirent après eux; elle laissait agenouillé le beau jeune homme, se contentant, avec ses doigts maigres et longs, d'écarter, de chaque côté des tempes, les mèches de ses cheveux dont certaines parties tombaient en oreilles de chien, mode alors donnée ou plus répandue par le général Napoléon Bonaparte.

Chaque trait de Paolo subissait un examen rigoureux; ses joues élégantes, son coloris, sa vigueur, apparente par ses muscles fortement dessinés, la grace de son ensemble, la coupe charmante de sa bouche, l'éclat de ses yeux, oh! rien n'était oublié : tout recevait son tribut de satisfaction et d'orgueil maternels.

— « C'est bien... c'est bien, dit-elle; on citait Piédro Marni : mon arrière-petit-neveu passait jusque-là pour le plus joli ragazzo de Venise; les jeunes filles des lagunes de Malamoco, de Mestre, de Chioya, me fesaient à la messe de saint Marc de belles révérences intéressées. Ah! Paolo, comment feront-elles maintenant entre mon neveu et mon fils? »

L'enfant prodigue, ainsi que Gargagna l'avait dénommé, persistait à se maintenir à genoux et dans un silence de honte; cependant, touché encore plus de l'accueil plein de bonté qu'il recevait :

— « Hélas ! dit-il, moi qui m'étais flatté, chère *nonna*, de vous tromper, je ne savais pas les trésors de perspicacité que renferme le cœur d'une mère ; oui, c'est votre petit-fils, Paolo Monazone, le fils de celui... Hélas ! *mamma* [1], nous avons été tous malheureux... Comment le doge n'a-t-il pu abréger ma captivité ou me sauver de l'exil, lui, votre frère ? Qu'il y a de la barbarie dans son refus !

— « Bimbo, dit Gargagna d'un ton ferme, n'attaque pas Luigi Manino : c'est le meilleur des frères, et c'est aussi le meilleur des souverains. Songe à l'honneur que le corno fait rejaillir sur notre famille, à la jalousie du patriciat, de son exaltation. Il est dans une position pénible, embarrassée ; fallait s'entendre dire qu'un homme nouveau était le premier

[1] Ce mot se prononce en appuyant fortement sur les deux *m* et en chantant d'une manière soutenue la dernière syllabe. Il signifie mère : c'est un mot de familiarité intime ; il remplace le *madre* italien, le *mater* des Latins.

à violer les lois, et cela afin d'abaisser la noblesse vénitienne en l'honneur de la citadinance; il m'a conté ses raisons, j'ai vu couler ses larmes... Oui, le grand doge a pleuré dans les bras d'une pauvre vieille femme; n'est-ce pas toujours bien glorieux pour notre famille? J'ai dû souffrir avec lui, le consoler même, et continuer de servir l'État sous sa direction. Au reste, au moment où tu t'es sauvé, un décret te remettait en liberté : ton impatience a failli nous perdre. Enfin, si tu reviens en bonne disposition, l'on verra à te procurer la protection puissante du doge; mais je crains.... »
Gargagna soupira, et, suspendant sa phrase, se tut.

Une foule de pensées pénibles s'élevèrent tumultueusement dans la poitrine de Paolo; il redoutait la perspicacité de son aïeule. A ce titre il lui devait du respect, de la tendresse même en retour de celle dont elle lui donnait déjà tant de marques.... D'un autre côté, son cœur suivait l'impulsion de la haine et de la vengeance; il ne pardonnait pas au patricien superbe, à cet Angelo Gabrielli qui, en se jouant, l'avait emprisonné, écrasé, anéanti, chassé de Venise, et s'était fait aider, pour perdre cruellement un infortuné jeune homme, par tous ses confrères : aussi les enveloppait-il tous dans la même malédiction.

Plus il se maintenait dans ce dessein sinistre, moins il devait s'ouvrir à son aïeule; aussi se contenta-t-il, quand elle eut achevé, de lui baiser la main, et, prenant la parole :

— « Mère-grand', dit-il, douce nonna envers le plus ingrat de vos fils, pardonnez-lui son long silence. Que j'aurais de récits à vous faire ! que je pourrais passer de longues soirées d'hiver à retracer les mœurs, les coutumes, les usages des nations diverses que j'ai visitées, et chez lesquelles j'ai planté mon pavillon. J'ai vu l'Arabe habitant à cheval dans le désert; j'ai vu le Russe faisant des voyages de deux cents lieux tout d'un trait non par terre, mais sur les rivières glacées; j'ai vu les Espagnols, nos émules en piété; les Portugais où l'on ignore les arts; les hollandais, ce peuple qui se débat encore : j'ai vu les danois...

— « Et les Français, Paolo, tu ne les nommes pas ?

— « Je n'en ai rien à dire; ils furent mes bienfaiteurs.

— « Ils sont nos ennemis.

— « Eux, non certes.

— « Ils nous menacent, vont nous faire la guerre...

— « Détrompez-vous; la France aime les Vénitiens et la citadinance; elle veut seulement que la liberté règne où saint Marc commande; que la tyrannie patricienne disparaisse, et les deux camps réunis n'en feront qu'un. »

Gargagna se tut; elle prolongea ce silence. Sa figure devint sombre, recueillie, imposante; enfin, ouvrant la bouche :

— « Fils Paolo, la vieillesse se répète; je t'ai comparé au prodigue de l'Évangile, et, comme le père, je ne veux que me réjouir dès que celui-là rentre au bercail; mais je présume que tu as pris tes mesures en revenant témérairement parmi nous.

— « Un autre nom, une autre patrie; des vêtemens de condition supérieure, une physionomie entièrement changée par l'âge, les courses, les malheurs sont mes premiers soins. Je ne suis pas venu à vous d'abord; je loge dans un quartier isolé : je sortirai peu, je travaillerai beaucoup — je suis peintre —, c'est un talent que je dois à la nature et à quatre ans d'assiduité à l'étude. Déjà, dans ma prison, j'avais tant employé d'heures à couvrir les murailles de tant de croquis, de dessins, d'esquisses, qu'en sortant, ma main exercée put peindre dès le premier moment, et j'attendrai que le temps, mes services et les événemens aient changé la face de mes affaires.

— « Tout cela, carissimo Bimbo, me semble si raisonnable, que j'ose à peine me flatter que tu ne devieras pas de cette sage route. Prends-y garde, mon fils, à Venise, à Bologne, à Milan, à Turin, à Gênes, à Rome, à Naples, à Palerme, à Florence, oh! partout, le gouvernement a le sentiment de sa conservation : il veille à la maintenir. Il a des amis, des agens, de vrais patriotes qui croient de leur devoir de prévenir les révolutions. J'ai plus qu'ailleurs, vu le péril : on en est alarmé. Paolo, sois Vénitien.

— « Je le serai, ma mère, je vous le jure par saint Marc.

— « Tiens ta parole ; mais souviens-toi qu'il n'y a pas dans le ciel deux saints de ce nom, et que ton serment t'engage à celui qui, aujourd'hui, protége le doge et le patriciat. »

Paolo frémit, se mordit les lèvres ; son aïeule vit ce manége.

— « Que se passe-t-il en toi ? Rien de ce que tu fais ne me semble naturel : tes propos sont louches, tes mots sont équivoques dans tes sermens ; tu es venu ici, pour qui tromper ? ta mère ou ta patrie ?

— « Vous ! ma mère, je serais bien malheureux si vous le pensiez.

— « En paraissant devant moi, qui voulais-tu tromper? ton intention était-elle de te dire mon fils?

— « J'avoue, répliqua Paolo, que, pour bien me maintenir dans cet incognito qui seul peut me sauver, je m'étais promis de vous taire mon existence; mon dessein était de me présenter à vous en ma feinte qualité de Napolitain; de vous voir, de m'assurer de votre santé qui m'est si chère, de vous demander ma bonne aventure et de la payer par le don de cette canne acquise dans mes voyages, et que ma tendresse vous prie d'accepter.

— « Paolo, un tel bijou ne convient pas trop à la mamma Gargagna; il exciterait trop, non l'avidité des filous, il n'en est pas un à Venise qui osât me rien dérober, mais la jalousie de mes compagnes décrépites; elles en feraient de bons contes, elle deviendrait dans leur bouche le manche à balai de cérémonie de Satanas avec qui l'on s'obstine à me vouloir en commerce, parce que les anges d'en haut viennent de temps en temps me visiter; néanmoins, je la garde. Plus tard, peut-être, je t'en ferai un ami..... Mais, si tu voulais être inconnu, pourquoi as-tu pris ton cousin Eblo pour cameriere.

— « C'est donc lui qui m'a dévoilé à vous?
— « Non.
— « Qui vous l'aurait appris?
— « Ne t'ai-je pas dit que les esprits du ciel ne dédaignent pas de converser avec une pauvre veuve ?
— « Néanmoins, dans cette circonstance, je crois bien qu'ils se seront servis de l'intermédiaire d'Eblo pour vous révéler ma présence à Venise. Recommandez-lui le secret.
— « Je ne sais rien de lui, te dis-je; il m'a parlé bien davantage de sa noble et jolie arrière-cousine, la Zitella Anella : le maître drôle, avec ses seize ans, a un cœur tout de flamme. Crois-moi, si tu recommences à aimer là, méfie-toi de lui.
— « Serait-il aimé, lui, déjà..... à son âge?
— « Comme tu prends feu! et tu te dis indifférent.... Tremble, Monazone; ressouviens-toi de Catharina Palma. Les *muri* sont en-

core baignés des flots de la mer, et les *piombi* reçoivent toujours les insensés qui bravent la puissance patricienne.

— « Je n'ai fait qu'entrevoir Anella, je l'ai trouvée charmante ; mais de là, de ce simple sentiment d'admiration si naturel envers la beauté, qu'il y a loin à cette flamme si cruelle, si incisive, que l'on nomme l'amour.... Vous avez prononcé un nom bien plus fatal... Catharina... que fait-elle ?

— « Tu la verras si tu veux, et tout à ton aise : elle a maintenant obtenu du patricien Gabrielli, pour prix de leur rupture, un des magnifiques cafés de la place Saint-Marc. Là, elle reçoit les hommages de la foule, et ne songe guère au fou qui a si long-temps souffert pour elle. »

Paolo soupira, ne répondit pas, changea la conversation, et, après avoir embrassé son aïeule, il lui demanda la permission de se retirer, et, en la contemplant encore lorsqu'elle l'accompagna vers la porte :

— « O mamma, dit-il, quelle longue, quelle honorable vieillesse !

— « Et qui, selon les anges du Seigneur, n'est pas près de finir. J'ai consulté cinq fois le sort, et chacune m'a promis..... tu vas rire, Paolo... m'a promis que je vivrais autant qu'existerait le Bucentaure sous sa remise; que les coursiers de bronze n'abandonneraient pas leur place triomphale, et surtout que le glorieux saint Marc ne quitterait pas ses enfans. Qui sait combien de siècles me sont réservés, et, certes, Dieu le doit à mon ardent patriotisme ; il est certain que, si j'avais trente vies, et qu'elles fussent toutes nécessaires à Venise, je ne balancerais pas à les lui immoler.»

Cette confidence bizarre dont en effet Paolo Monazone n'aurait fait que plaisanter dans toute autre circonstance, le tourmentait dans celle-ci ; il savait dans quel but il rentrait à Venise, et son aïeule lui annonçait à quel prix l'existence lui serait conservée. Il frémit ; puis, s'écriant, lorsqu'après avoir pris congé, il revenait vers le quartier dit *le fondo-mon-tanovo* :

— « Que je suis fou ! ma grand'mère est-elle en colloque régulier avec les anges : son imagination la trompe, tandis qu'elle-même s'attache à surprendre la tranquillité de ses concitoyens. »

Il passa devant la place Saint-Marc. Comme depuis huit années il n'avait vu ni ce lieu ni l'église, il s'arrêta machinalement pour les regarder à la fois : un spectacle perpétuel, animé, varié, frappa ses regards ; les casini, les cafés étaient remplis de consommateurs qui avaient fait irruption sur les degrés extérieurs et sous des tentes élégantes qui les garantissaient de la vivacité du soleil ou de l'air.

Ici, des marionnettes, là, des optiques, plus loin, un prestidigitateur faisait jouer des gobelets, des muscades, avec une vélocité surprenante ; à son côté, de robustes gaillards formaient des pyramides humaines, et divers sortes d'équilibres ; à droite, un danseur de corde avait pour pendant un singe qui le copiait avec autant de dextérité que d'esprit; au centre d'un encadrement de rideaux, on montrait une ménagerie curieuse; un improvisateur, un conteur, un lecteur attiraient autour d'eux une société moins bruyante, contrariée dans son plaisir intellectuel par un orchestre improvisé, au son duquel dansaient à visage découvert de jeunes artisans et de sémillantes contadines; et, masqués, des hommes et des femmes appartenant à la première noblesse de l'Europe.

Enfin, et de l'église de Saint-Géminien, une procession de confréries venait de sortir, se dirigeant vers Saint-Marc. A son approche, les bateleurs, les masques, interrompaient les jeux et les danses; mais, le pieux cortége passé, derrière lui recommençaient de nouveau ces représentations perpétuelles.

Tout cela, quoique en plein jour, était si gai, si joyeux, que Paolo en fut attristé, quand il pensa que, pour rendre libre cette ville dissipée, il faudrait détruire ses divertissemens. Le despotisme veut que les peuples dansent; la démocratie leur commande la gravité.

# IX.

**ÉTOURDERIE ET POLITIQUE.**

> Rarement à courir le monde,
> On devient plus homme de bien.
> SAINT-ÉVREMONT.

Paolo n'était pas masqué, il avait tort : il est vrai que ses traits étaient méconnaissables; cependant Eblo, son neveu, l'avait reconnu; d'autres pouvaient en faire autant. Ceci le tourmentait, et il s'apprêtait à rentrer chez lui pour profiter du déguisement auquel l'autorisait cette époque de l'année, quand on l'appela derrière lui par le nom de guerre qu'il avait pris.

— « Hé! Guerini de Naples, lui cria-t-on, n'avez-vous pas soif, et n'accepteriez-vous pas une limonade glacée? »

Paolo se retourna brusquement, et se trouva en présence d'un émigré français qu'il avait connu à Paris, où il était rentré momentanément à la fin de 1797, et qui, l'ayant reconnu, lui faisait un honnête accueil. La rencontre charma Paolo; il lui était bon qu'un témoin non suspect prouvât qu'il passait à Paris, il y a plusieurs mois, pour Napolitain; aussi, loin de feindre une erreur, il courut au jeune Édouard Lambert, et lui rendit vivement l'accolade française.

— « Par la mordieu! s'écria le Parisien, que faites-vous dans cette ville insupportable, où l'on ne voit que des masques, et où l'on a l'ennui de s'amuser toujours, c'est à y périr : j'aime parfois des émotions vives. Ah! qu'ils sont heureux, ceux qui, depuis 1789, ne sont pas sortis de Paris.

— «Pourquoi l'avez-vous abandonné?

— «Suis-je mon maître, mes parens ont eu peur..... la peur, c'est délicieux..... Oh! Paris, quelle ville! Une insurrection le matin, le soir un opéra nouveau ; le lendemain séance orageuse à la tribune : le surlendemain, on s'égorge dans les rues : tous les jours, quarante, soixante victimes....... puis les plus beaux noms de France. Cela attriste, on pleure ; jugez de pareilles dispositions. Le piquant d'un bal, d'une fête, et puis craindre toujours pour soi, ne coucher jamais dans le même lit, se vêtir tour à tour de cent façons différentes; puis la prison où l'on joue la comédie avec des femmes divines, puis le jugement Fouquier-Tinville, la Conciergerie, et Marat, et le 9 thermidor, et le 13 vendémaire. Que de sang versé! quelles scènes piquantes ! Ah! M. le Napolitain, on ne peut s'amuser qu'à Paris. »

Paolo admirait ce flux de paroles, cette insouciance dégoûtante, peut-être jouée par une inconvenante fatuité; il ne savait que dire. M. Lambert ne lui laissa pas le loisir de répondre.

— «Entrons dans ce café, tout y est délicieux, et la dame du comptoir est *divine* ; c'est une Vénitienne charmante. Elle a eu des aventures; son premier amant est aux piombi, là sur le haut du palais. Nous ne pouvons pas les voir d'ici...... Je vous présenterai; je suis au mieux avec la donna. Il y avait naguère un patricien, un Gabrielli..... Vous pâlissez..... un vertige..... des vapeurs....... vous êtes heureux, c'est divin..... J'ai la plus sotte santé..... des jours de chanoine : cela ne touche personne! Oh! mon Dieu, si je pouvais maigrir; on dit l'air de Rome détestable, je veux y aller pour y prendre la fièvre. »

Le Parisien, enfin, eut un accès de toux; Paolo en profita pour décliner l'invitation qui lui était faite : il avait besoin de rentrer chez lui.

— «Vous me donnerez votre adresse, voici

la mienne : Quai des Esclavons, auprès de la *Piazza San-Zacharia*....... Oh! remerciez-moi. Voyez-vous le gros homme à grand air, qui donne le bras à cette dame à mine majestueuse......

— « N'est-ce pas une danseuse ? demanda Paolo, frappé de la démarche théâtrale de celle que M. Lambert traitait en souveraine.

—« C'est le fameux comte D'Entragues, l'agent avoué de Louis XVIII, son ministre des affaires étrangères. Sa compagne, son amie, qui sera bientôt sa femme, c'est la célèbre Sainte-Huberti (1).

— « J'avais donc deviné.

---

1 Le comte d'Entragues, diplomate français, ministre de Louis XVIII dans l'émigration, se brouilla avec le roi et passa au service d'Angleterre, sans cesser de nager entre deux eaux. Il fut assassiné à Londres en 1812. Il avait épousé une chanteuse du grand Opéra, mademoiselle Sainte-Huberti, dont il a eu des enfans : elle fut assassinée avec lui par leur valet de chambre (Italien.) On accusa la Russie d'avoir payé ce crime. Le meurtrier se suicida.

—« Ah! grande actrice, sublime, *divine*.....
Derrière eux, ce petit monsieur de si mauvaise mine, si furet, c'est le comte de M.....[1], espion du roi de Prusse, de Louis XVIII, et qui, selon un de mes amis, pourrait bien l'être aussi du Directoire. L'Angleterre le solde, et il la trompe; un honnête homme est avec lui: c'est l'abbé Moutet, Toulousain rempli d'esprit et d'intelligence. M. de M....... lui fait du bien, et l'autre, par bonté d'ame, lui sacrifie un peu sa réputation. J'espère lui dessiller les yeux....... [2] Mais j'aperçois l'envoyé de Russie; j'ai un mot à lui dire. Adieu, monsieur.... Ah! M. Guérini... nous nous reverrons; oh oui...... Je suis votre ami pour la vie......

[1] Le comte de M..., espion du directoire et de Napoléon auprès des princes de la maison de Bourbon. Il vit encore.

[2] L'abbé Moutet, Toulousain, était encore, il y a peu d'années, curé de Fronton (Haute-Garonne); il avait de l'esprit, de la finesse et du trait. Napoléon causa plusieurs fois avec lui. Ces conversations, qu'il m'a répétées lorsque j'étais sous-préfet de Toulouse, sont curieuses.

M. Lambert dit, s'échappe, court au nouveau venu sans se ressouvenir qu'il n'emporte pas l'adresse de cet ami si cher.

Charmé à son tour d'être délivré de ce loquace personnage, Paolo hésita s'il entrerait ou non dans le *café de Cythère*, c'était l'enseigne de la belle Catharina; mais la raison lui commandant la fuite, il s'éloigna, et cette fois quitta la foule et la partie bruyante de Venise, pour aller reprendre les ruelles (*le calle*) étroites et les ponts dangereux qui le ramenèrent *i gesuiti*, non loin de *le fondomontanovo*.

En arrivant, il trouva la gente Anella qui jouait avec Eblo Pulpi. Dès qu'elle vit le bel étranger, elle se dépouilla de sa mine riante pour en prendre une plus solennelle, pareille à celle que se donne une jeune fille, lorsqu'elle se voit en présence d'un homme qui lui plaît; ses yeux s'abaissèrent, cachés qu'ils furent avec un art infini sous de riches et noires paupières.

Paolo fut surpris de l'expression voluptueuse de ce visage charmant, et il s'occupa moins de la politique dès lors, que de son hôtesse. Mais ce sentiment ne s'empara pas si bien de toutes ses facultés, qu'il ne pût encore consacrer des instans au but majeur qui l'amenait à Venise. Il causa avec Anella, puis, la saluant, il monta dans l'appartement qu'il avait loué en commun avec Dandolo, et où celui-ci n'était pas.

Eblo le suivit respectueusement; il prit le manteau de son oncle, l'épousseta légèrement et le suspendit à la muraille à deux pommes de pin dorées, faites exprès; il en fit autant au chapeau, et le tout lestement, sans parler et sans bruit.

— Tu es agile, cameriere, dit Paolo, mais très-agile; tu as le temps de faire tout le tracas de la casa (maison), et il t'en reste encore assez pour aller conter au dehors ce qui se passe entre ces quatre murailles.

Eblo, à cette attaque imprévue, baissa le front et rit à part lui.

— Ainsi, Eblo, c'est à tes rapports que ton aïeule doit sa science en sorcellerie ?

— Entre bons parens, il faut toujours s'entr'aider.

— Oui, même aux dépens du prochain et du forestiere (étranger).

— Et toi, Paolo, as-tu bien fait en cherchant à tromper ceux de ton propre sang? J'étais bien jeune quand tu disparus, mais il ne te souvient pas que le peintre Thadeo Juccari, charmé de ta figure angélique, te pria de poser dans son atelier où il composait une Annonciation pour la chapelle privée de je ne sais quelle excellence; tu y consentis, mais à condition qu'il ferait ton portrait: il ne te restait ni père ni mère, lorsque le malheur fondit sur toi. Le peintre, honorablement, apporta à notre aïeule ta représentation, et si parfaite, que moi, qui la vois chaque jour, puisqu'elle décore ma chambre, je n'ai pas eu grand'peine à te reconnaître. Mais, si tu m'as assez peu aimé pour te taire envers moi, je suis trop bon ragazzo pour te signaler à d'autres qu'à notre vénérable mère-grand'.

Cette explication franche rassura celui qui l'entendit; cependant il se promit de ne pas accorder sa confiance à un adolescent trop soumis aux impressions de leur aïeule commune, femme si dévouée aux institutions actuelles, et que le fanatisme d'un amour malentendu de la patrie exaltait.

Paolo se contenta d'adresser à son neveu des paroles amicales; il lui demanda des renseignemens sur la situation de Venise, les gondoliers, les ouvriers du port, les troupes esclavonnes, que la seigneurie faisait venir pour se défendre en cas d'attaque.

— Oncle, s'écria l'adolescent, Venise est imprenable, si tu en connaissais la force et les moyens de défense. J'ai parcouru l'arsenal: il y a des armes suffisantes pour équiper en un jour cent mille soldats sans avoir besoin de toucher à la réserve et aux salles d'armes particulières du palais de Saint-Marc [1].

[1] *Salla dell' armumento del Consiglio di Dieci* ( Salle

— Plût à Dieu, dit Paolo en feignant de penser comme Eblo, que les soldats ne fissent pas plus faute que les armes! mais où, en un clin d'œil, en ramasser cent mille ?

de l'arsenal du Conseil des Dix). On tenait là des armes en bon état et en assez grand nombre pour armer quinze cents nobles, en cas de quelque révolte de la part du peuple et de quelque autre cas imprévu. Il y avait aussi plusieurs pièces de campagne. Un citadin, payé par la république, était gardien de cet arsenal, sous les ordres d'un patricien qui avait le titre *di provediture dell' salle*.

Au dessus de la porte d'entrée est un tableau de *Palma* (Vechio) : c'est la Vierge, la Madelaine, d'autres saints, et, à genoux, un sénateur.

C'était dans cette salle qu'on conservait les médailles données à la république par le sénateur Pierre Morosini. On y voit aussi deux bustes antiques, Antinoüs et Antonin-le-Pieux ; une statue antique, crue celle de Lucius Vérus, avec les cheveux crépés et la barbe de philosophe, pareille au buste admirable de cet empereur qui orne maintenant le Musée de Paris; la statue de François de Carrare, que la république fit étrangler avec toute sa famille, en 1405, pour s'emparer sûrement de Padoue (les Variclery de Languedoc descendaient de ce malheureux prince); la statue d'Albert de Corregio, général des armées vénitiennes; enfin l'armure d'Henri IV, dont ce roi de France fit cadeau à son amie la république.

—« Chaque jour, il arrive des Dalmates, des Esclavons, des Heidaques, des Montesrigu. La terre-ferme fournira son contingent dès qu'on le réclamera; et Venise, mon oncle, Venise, si le noble lion rugissait; si on déployait le grand étendard bleu et jaune que l'on ne sort de son étui que dans les grands périls de l'État, crois-tu qu'elle reculerait à l'appel. Qui, parmi les excellences et la citadinance et nous autres ouvriers des ports et gondolieri, se refuserait à suivre le doge, nous guidant à la victoire ou à la mort. D'ailleurs, la *Mamma* l'a dit, Venise sera invincible jusqu'au moment

> Où Saint-Marc de sa grotte partira
> Et qu'à son char sa main attèlera
> Les quatre chevaux qu'il amènera,
>   Le Bucentaure périra,
> Et du Lion le pouvoir finira.

Or, comme ces quatre choses sont à peu près impossibles, nous devons en conclure que le règne de Venise sera sans fin.

Le commérage de l'adolescent conduisit Paolo Monazone vers une rêverie profonde dont Eblo, par son babil, ne put le tirer; il se promenait à pas lents dans la vaste salle, regardant tantôt le ciel, tantôt la mer; puis se remettant à marcher, il tenait conseil avec lui-même.

Il était encore dans cette préoccupation, lorsque Dandolo rentra. Celui-ci était masqué jusqu'aux dents; il était trop bien connu dans la ville pour oser s'y faire voir à visage découvert, et déjà on commençait à suspecter ses courses en terre ferme. Vincente Dandolo se débarrassa précipitamment de son attirail de polichinelle, le remit à Eblo, lui commandant d'aller le secouer et le brosser au belvéder; et, dès que le cameriere fut sorti, il alla fermer soigneusement la porte de la première salle, laissa ouverte celle de l'intérieur, et, alors, se croyant en sûreté :

— « Nous n'avons pas de temps à perdre; Venise nous échappe, elle se lie à la coalition. Encore trois semaines, et une flotte anglaise viendra la défendre, et l'insolente aristocratie continuera son despotisme oppresseur.

— « Cela ne sera pas, répondit Paolo avec calme, non, tant que je vivrai je ne supporterai point qu'Angelo Gabrielli poursuive sa route fortunée. L'aspic que le nègre foule aux pieds peut néanmoins, s'il le surprend, lui donner la mort. Ainsi je ferai dans mon obscure position.

— « Que pouvons-nous sans les Français?

— « Que peuvent-ils sans nous... sans moi, surtout... sans moi, qui maintenant dispose du destin de Venise?

Dandolo, surpris d'un propos qu'il regarda comme une bravade, examina Paolo, et, voyant qu'il ne riait point, le connaissant d'ailleurs pour un homme rempli d'énergie et d'intelligence, il se décida à lui demander l'explication de ce qu'il lui avait dit.

— « Je ne reviens pas sur ce que j'avance, reprit Paolo Monazone encore plus flegmatiquement. Toi qui es de la citadinance vénitienne, as-tu souvenir de la vieille prophétie

Quan' della grotta sua san Marco partirà...

—« Hé! dit Dandolo, quel est le fils de bonne mère qui n'a pas mille fois répété cette sotte prophétie :

Quandò di sua man all' curro attacherà...

et le reste. Hé bien, Paolo! quel rapport trouves-tu entre le point qui nous occupe et la rêverie dont nous bercèrent nos mamma ?
— « Plus que tu ne l'imagines, Vicente, l'opinion populaire attache à la conservation des reliques de saint Marc l'existence de Venise, comme puissance souveraine. Profitons de cette idée superstitieuse; portons la consternation dans cette ville imbécile, en lui ravissant son palladium; transportons-le dans le camp des Français. Que saint Marc soit contraint de marcher contre les murailles où l'on comptait sur lui pour leur défense. Je

connais mes compatriotes, leur fanatisme, leur crédulité; privés de leur saint protecteur, n'osant pas revenir à saint Théodore, qu'ils abandonnèrent pour lui; ils tomberont dans une consternation dont le découragement sera la suite, et, pour recouvrer leur patron, ils accepteront tout ce que leur imposera le général Bonaparte.

— « Ils en sont capables, répliqua Vicente Dandolo en riant; oui, certes, cette folie peut être bonne, mais comment accomplir une tâche si difficile? qui s'en chargera? Vous savez par combien de précautions mystérieuses on a environné ce sacré dépôt. Quelques dignitaires les plus éminens connaissent le lieu qui le recèle; des périls sans nombre menacent qui tenterait cette entreprise? d'ailleurs, pour la commencer, il faudrait savoir où on peut trouver ces ossemens à qui l'on accorde tant de puissance; et j'avoue qu'il me serait plus facile d'entrer pendant la nuit dans la chambre du doge, que de parvenir seulement à savoir où couche M. saint Marc.

— «Dans ce cas, je suis plus habile que toi; car l'un me sera aussi facile que l'autre, si pourtant...

— «Hé bien, quoi?

— « Si je peux obtenir d'une vieille femme une clé à laquelle, tout me l'assure, elle tient plus qu'à sa vie.

— « Paolo, ce sont pour moi des contes de fée; cependant je conçois que ton idée est bonne; tu pourras, en effet, rendre un service immense à la cause de la liberté : le général t'en récompensera. Mais, crois-moi, il lui importe beaucoup plus de connaître les noms des inquisiteurs d'État; c'est là le but de notre association, ce sera la cause de notre récompense. Nous pouvons monter haut, je connais mon ambition; je ne sais où la tienne aspire.

— « A un prix énorme, reprit le jeune homme, à un prix qui dépasse toute avidité... la vengeance!...

— «Oh! le gentil garçon. Tu hais avec tant de vivacité!... Le sang vénitien n'a donc pas disparu totalement?... Et moi aussi, Monazone, moi qui suis ton égal, j'exècre mes ennemis avec une vivacité égale à la tienne, et, partout où tu mettras un pied pour avancer, rappelle-toi que les deux miens ne tarderont pas à les remplacer, et qu'ils te presseront ainsi jusqu'à ce que nous arrivions au but déterminé par nous.

— « Du moins, la parfaite identité de notre passion nous assure de sa sincérité, et presque de la réussite... Comment ferons-nous pour parvenir au double but? tu ne peux me proposer aucun plan; je vais travailler à l'accomplissement du mien.

— « Prends garde que l'amour ne te fasse oublier tout le reste; les beaux yeux de notre hôtesse sont capables de détourner plus d'un conjuré de son droit chemin.

— «Nous verrons, repartit Paolo, si l'amour, au lieu de nuire à la réussite, ne sera pas un des moyens que je mettrai en jeu pour arriver au succès plus certainement et plus vite. »

Dandolo, à la suite de ce propos, changeant la conversation, dit à son ami que Junot venait de partir à la suite de la députation vénitienne, peu satisfait de son message, et surtout d'avoir négligé ce qui, aux yeux de son chef, était le point principal, la retraite de Louis XVIII, hors de Vérone. Il ajouta qu'il avait promis de suppléer à son imprudence et qu'il se faisait fort de réussir.

— « Pour cela, continua-t-il, la chose est facile, je vais aller déposer dans la gueule des lions un avis conçu en ces termes :

« *Un ami de Saint-Marc, prévient le sérénissime doge que le général Bonaparte est déterminé à déclarer la guerre à la république vénitienne, par le seul motif qu'elle prête asile à celui que les Français appellent le prétendant. Que la haute sagesse du sérénissime doge prévienne un tel malheur.*

Je gage que, sur ce simple éveil, la terreur gagnera nos énergiques patriciens, qu'ils expulseront le prince fugitif, et que le grief, les séparant de la coalition, amènera une alliance forcée avec les républicains français.

— « Allons, repartit Paolo, chacun notre tâche : menons-la à bien, le succès sera au bout.

# X.

**FIN CONTRE FIN.**

> .........Parens contre parens
> Combattaient follement pour le choix des tyrans.
> CORNEILLE, *la Mort de Pompée.*

ANELLA, mollement assise dans le belvéder, où elle passait la meilleure partie de la journée et de la nuit, à cause de la vue superbe qui se déroulait, tant sur la ville que sur la mer, depuis le lever de l'aurore, jusqu'au coucher du soleil, et de la fraîcheur agréable et salutaire que ne manquait pas d'y apporter la brise du soir, Anella, une après-midi, lorsque l'heure de la sieste finissait, à demi couchée sur des coussins de vieux damas, brodait un riche ornement d'autel, le voile destiné à cacher le très-Saint-Sacrement, lors de certaines cérémonies ecclésiastiques. Debout devant elle, Eblo, tenant une mandoline, en tirait ces accords harmonieux familiers à tous les Italiens. Lassé de jouer au hasard, l'adolescent se mit à dire :

— « Chère cousine, chante quelques unes de ces romances qui plaisent tant aux gondoliers.

— « Je ne chante plus, repartit la belle fille; et un soupir accompagna ses paroles.

— « Tu aimes donc?

— « Fi! ragazzo, répondit-elle avec vivacité, il sied bien à *mezzo bimbo* (demi-enfant), de parler et de se connaître d'amour.

— « Tu aimes, tout me le prouve, et pourtant tu m'avais bien promis d'attendre que je fusse plus grand.

— « Tu tardes à croître, Eblo, répliqua-t-elle en riant.

—« Et toi tu as hâte de donner ton cœur. Je gage connaître celui qui te l'a ravi.

—« Taisez-vous, *signor impudente*, respectez mon âge et mon secret.

—« Oui, l'un des deux étrangers qui logent ici.

— « Mauvaise langue !

— « Le beau, le fier, l'élégant Guerini.

— « Malicieux ragazzo !

— « Oui, tous les jours il te donne des leçons de musique, et tu chantes avec lui d'un ton qui certes prouve combien ton cœur est facile à recevoir de douces impressions. Hier au soir encore, je vous entendis. Que ta voix était douce et la sienne vivement accentuée ! c'était de l'amour qui embrasait vos deux cœurs.

— « Eblo Pulpi, vrai damné, démon, tu perdras d'honneur la pauvre Anella !

— « Moi, qui pour elle donnerais ma vie. O chère cousine, je t'en supplie, répète ce chant d'hier au soir; il me parut si tendre, si mélancolique! Oui, *Soleil d'automne doux et riant.*

— Hé bien! je vais l'essayer, pour me délivrer de toi; ma condition sera que, la romance achevée, tu me laisseras tranquille, sans plus me tourmenter.

L'adolescent, charmé d'avoir remporté la victoire, remit aux mains d'Anella sa mandoline, et, après un prélude suave et plein de goût, la sœur du bravo chanta la romance suivante :

### RÉSIGNATION.

Soleil d'automne,
Doux et riant;
Fruit de la tonne,
Fleurs d'Orient,
Femmes jolies,
Vives saillies ;
Tendres amis,
Voici la vie
Qui m'est ravie.
Je pars soumis.

Tant frais bocage,

Gais oiselets,
Vermeils paccages,
Purs ruisselets ;
Chants de la lyre,
Joyeux délire,
Bonheur promis ;
Voici la vie
Qui m'est ravie.
Je pars soumis.

C'était un rêve ;
Il doit finir.
Le jour se lève :
C'est l'avenir.
Gentes chimères,
Jeux éphémères,
Devoirs remis :
Voici la vie
Qui m'est ravie.
Je pars soumis.

En vain encore,
Malgré mes pleurs,
L'amour décore
Mon front de fleurs ;
D'un doigt profane
L'hiver les fane,
Et j'en gémis.
Voici la vie
Qui m'est ravie.
Je pars soumis.

Un sort paisible
Va m'être offert.
Fier et sensible,
J'ai trop souffert ;
L'heure prochaine
Rompra ma chaîne :
Point n'en frémis.
Voici la vie
Qui m'est ravie.
Je pars soumis.

La jeune Zitella mit tant d'expression à chanter ces simples paroles; l'air mélancolique y était si bien adapté, qu'Eblo ne put se retirer de son extase, tant que la magie dura, pour prévenir la cantatrice sublime de l'entrée de Paolo Monazone, son maître. Celui-ci, attiré par des accens si mélodieux, était sorti de sa chambre, et, parvenu à la porte du belvéder, écoutait avec ravissement.

La romance terminée, Anella, au soupir prolongé qui lui parvint d'une assez longue distance, se retourna vivement, et sa rougeur soudaine aurait laissé lire en elle tout ce qui se passait, si, déjà, les ombres du crépuscule ne fussent descendues rapidement sur Venise et sur le belvéder du bravo. L'obscurité qui régnait déjà mit obstacle à la découverte qui aurait charmé Paolo.

Mais ce qu'il ne put voir, ce qui manqua à son triomphe, n'échappa point à la délicate observation d'Eblo qui, ne pouvant commander un mouvement d'impatience, partit aussitôt, laissant en présence les deux amans qui ne le demandaient pas mieux.

— « Mon écolière fait des progrès rapides, dit le jeune Vénitien; elle n'a pas eu de peine a dépasser son maître.

— « C'est sans le savoir, sans même le comprendre, si cela est; je crains que la flatterie ne prenne ici la place de la vérité.

— « Il est certain que l'on enivre d'un encens non mérité des femmes ordinaires; mais à vous, que pourrait-on prêter qui ne se trouvât au dessous de la réalité?

— « Je suis une pauvre fille ignorante, Vénitienne, et vous, *forestiere (étranger)*, ne prenez pas plaisir à vous jouer de sa simplicité.

— « Ce nom d'étranger m'est insupportable ! s'écria le faux Guérini en frappant le plancher du pied et avec force, surtout si, pour s'unir à la plus jolie fille de Venise, il faut être inscrit dans la citadinanza.

— « Il est certain que mon frère est trop bon patriote pour ne pas donner la préférence à un Vénitien des lagunes sur tout concurrent de terre ferme.

— « Et vous, Nella, que feriez-vous en pareille circonstance ?

— « Moi, dit la jeune fille tremblante, éperdue et craintive, je pencherais là où mon honneur serait engagé... Mais pourtant si mon frère bien-aimé, si cet excellent Piédro exigeait la récompense des soins qu'il m'a rendus, moi plutôt que d'être taxée d'ingratitude, je préfèrerais lui faire le sacrifice de mon bonheur.

— « Et voilà ce qui m'est insupportable, reprit impétueusement Paolo ; une fille dit qu'elle aime, et elle immolera son amour au vain caprice d'un frère.

— « Ce frère fut son protecteur dès son enfance; il se dépouilla pour elle des plus beaux bijoux de sa mère; il pourvut à mes besoins; il contenta mon orgueil en voulant que je fusse la mieux mise de toutes les jeunes filles, depuis le Lido jusqu'à Mestre; il me nourrit des meilleurs morceaux, tandis que lui souvent ne mangeait que du pain et des dattes. Il a refusé de se marier tant que je ne serai pas établie, et je ne lui rendrais pas affection pour affection, sacrifice pour sacrifice? Forestiere, je trouve un vrai plaisir à causer avec vous, votre absence m'inquiète; mais Piédro n'en commande pas moins à mon cœur et à mes devoirs.

— « Hé bien! Signora, conservez-vous dans cette humble dépendance; attendez pour aimer que votre frère y consente; il vous en saura gré, et votre amant sera bien touché de cette tendresse avec permission.

— « Il sera le plus cruel, le plus injuste des hommes, s'il n'est pas fier à la vue de pareils sentimens dans le cœur de son amie.

— « L'amour ne souffre point de partage.

—« Fi de l'égoïste! dit Anella en faisant une moue qui la rendit plus jolie, en donnant à ses traits une expression plus piquante, il ne veut pas que l'on aime autre que lui.

— « L'aimez-vous, Anella? peut-il croire qu'il vous est agréable?

— « Je vous voudrais Vénitien, et alors...

— « Hé bien! alors..?

—« Alors, je serais heureuse, car assurément mon frère ne me refuserait pas à vos désirs. »

Paolo, charmé de cet aveu auquel il trouvait tant de charmes, se mit aux genoux de la jeune fille, et, saisissant sa main, la porta respectueusement à ses lèvres; cependant la familiarité du geste troubla cette ame pure. Anella, se levant avec vivacité, prétendit que la nuit était trop profonde pour permettre à une jeune fille de rester avec un jeune homme, en tête-à-tête surtout. Elle s'évada légère comme une gazelle, et, au moment où elle ouvrait avec brusquerie la porte de l'escalier, elle se heurta contre Eblo qui, l'oreille en embuscade, attendait là ce qu'il devait espérer de cette rencontre, d'ordinaire si dangereuse à la vertu.

—« Insolent curieux, dit Anella courroucée, nieras-tu que tu fusses là pour m'espionner? Tu as dû mal passer ton temps. »

Eblo, consterné, honteux d'être pris au piége, chercha à se justifier : on ne l'écouta pas; il reçut l'ordre impératif d'aller tenir provisoirement compagnie à son maître pendant le temps qu'il serait seul; puis, bien que maugréant, ne conçut pas la possibilité de la résistance. Dès que Paolo le vit, il s'enquit si, ce même soir, il ne pourrait pas voir leur aïeule commune.

— « Le soir, répondit Eblo, est l'heure où ses enfans n'ont pas l'usage de se montrer à elle, dans la crainte de la gêner; c'est le moment où elle consulte le sort pour les dames vénitiennes, où elle mande certains habitans que la seigneurie veut intimider. Nonna Gargagna a cette charge ; aussi jouit-elle d'une haute considération dans le Prégadi. »

Paolo, peu tourmenté de la pensée qu'il

dérangerait son aïeule, pourvu qu'il eût la certitude de la rencontrer, se disposa, sans le confier à son neveu, à rendre à la vieille femme une visite intempestive, sans trop s'inquiéter des suites qu'elle pourrait avoir.

Nella revint; de magnifiques couleurs paraient son visage, ses yeux brillaient des flammes de l'amour. Satisfait, le jeune homme reprit avec elle la conversation interrompue, y mit une nouvelle chaleur, et enfin ne quitta sa maîtresse que bien persuadé de ne pas lui déplaire et d'en être aimé.

Cette fois, il vêtit le domino commun à la presque totalité des gens de Venise et des forestieri, comme étant le déguisement le moins cher, le plus facile à se procurer, celui par lequel on échappait le mieux à l'investigation curieuse des intéressés ou des indifférens. Le sénat néanmoins y avait, ces dernières années, introduit une nouveauté, soit que ce fût pour égayer le coup d'œil, ou plutôt à dessein de diminuer la surveillance; il avait, dis-je, fait connaître parmi la citadinanza, les nobles de terre ferme, les patriciens, le désir qu'il avait de voir transformer la teinte sombre et presque toujours noire du domino en nuances plus gaies que, d'ailleurs, l'on varierait à l'infini. Il résultait de cette mesure qu'à certaines heures du jour, les places de Saint-Marc et de la Piazzetta, de même que le grand canal, et celui de la Giudecia, ressemblaient au pied de la lettre, tant a comparaison était exacte, à un riant parterre de fleurs diaprées, combiné de mille sortes.

L'habit de taffetas qu'endossa Paolo Monazone combinait agréablement dans ses diverses coupes les couleurs civiques de Venise, le jaune et le bleu ; il s'imagina, par cette affectation toute patriotique, détourner de ses démarches les regards et l'attention des limiers de la police vénitienne, des inquisiteurs d'État et des *seigneurs de la nui*

Désaccoutumé par un séjour de huit ans hors du pavé de Venise, il eut fort à faire pour se démêler du péril des ponts sans parapets, des *calle* ( rues ) étroites par delà toute croyance. Les *strade* génoises, dans leur peu de largeur, étaient encore des rues larges et magnifiques, des rues de Tolède[1], si on les comparait à celles de la cité de Saint-Marc. Il faut avoir le pied vénitien pour s'épargner des chutes dangereuses, et encore il arrive souvent que noble bourgeois ou citadino tombe dans les canaux; et la nuit, aux heures isolées, les courses solitaires ne manquent pas de graves et fréquens périls.

La légèreté, l'adresse de Paolo, lui servirent à vaincre ces obstacles; enfin, il arriva presque sans malencontre au manoir de sa vénérable aïeule, et, à la clarté de la lune qui venait de se lever, il prit plaisir à en contempler l'extérieur et la bizarre architecture.

C'était la maison paternelle du doge Luigi Manino, d'abord manoir de bourgeoisie et de commerce. Plus tard, lors de l'anoblissement

---

[1] La rue de Tolède, à Naples, est remarquable par sa largeur. A Gênes, les rues sont nommées *strada*, à Rome, *via*, à Venise, *calle*.

du propriétaire, vers le seizième ou dix-septième siècle, on voulut, en la conservant, en faire un hôtel : les boutiques, les magasins disparurent; on en fit des salles d'audience. une chapelle, la salle des banquets. Un architecte maladroit dénatura le caractère primitif, sans pouvoir lui donner la forme chevaleresque et monumentale : le travail y paraissait visiblement tourmenté.

Sur les cheminées, où l'on avait, dans le principe, entaillé des sentences pieuses ou morales et des chiffres religieux, d'autres sculpteurs cherchèrent à placer le nouvel écusson des Manino et des familles d'alliance. Il avait fallu ou empiéter sur l'ancien ornement, ou rapetisser le nouveau d'une manière ridicule. Le grand appartement resplendissait de meubles superbes; les autres conservaient les tentures de serge, de toiles de Perse, de Pergame et d'autres étoffes bourgeoises. Souvent, derrière un bahut, sous une armoire immense, on rencontrait encore des livres de raison, de registre, de commerce, des trébuchets, des mesures et des aunes, ou palmes à la mode vénitienne.

Le doge avait généreusement concédé à sa sœur de lait la moitié gigantesque de ce vaste manoir ; cela formait un labyrinthe de voûtes superposées les unes sur les autres, de galeries obscures et profondes, de salles immenses et carrées, ou s'alongeant en formes de corridors tortueux, habités par les chauves-souris.

Le terrain est si prodigieusement rare à Venise, ou du moins l'était à l'époque de cette histoire, que l'on regardait comme un présent magnifique l'investiture d'un pareil logement. D'une autre part, la citadinance tenait tant à honneur d'être agglomérée au patriciat, que cette faveur de confondre deux familles dans une seule, au moyen de la double demeure en un corps unique de bâtimens, devenait la plus belle récompense qu'on pût offrir, et la seule que souvent la vanité du citadin opulent aurait acceptée.

A plus forte raison, Elpha Gargagna, femme

née dans la caste des bateliers du Lido, des gondoliers du canal *Grande* de la Giudecia et du Canaregio[1], dut se sentir éminemment relevée, lorsque tout le bas étage gauche du *palazzo Manino* avait été mis à sa disposition. Cette reconnaissance éclatante du protectorat patricien combla l'humble citadina, et la releva du rang de ses égales.

Mais à quel plus haut degré ne monta pas son orgueil exorbitant, lorsqu'elle apprit par l'artillerie de l'arsenal des forts de la place Saint-Marc que Luigi Manino, son très-noble frère, venait, en résultat du ballottage multiplié et des élections, d'être proclamé possesseur du corno; c'est-à-dire sérénissime doge et très-excellent prince de la sérénissime république.

Elpha fut sur le point de mourir d'allégresse; certes, la joie ne tue pas; puis la

---

[1] Canal royal, le plus large après le grand canal; il est d'une médiocre étendue, et s'ouvre dans la mer, au nord-nord-ouest de Venise.

sienne la laissa en vie. Oh! dès ce beau jour, Gargagna, déjà vieillie, car elle dépassait de près de vingt ans l'âge de son frère fictif, s'empara, et c'est le mot, du gouvernement de l'illustrissime république. Du fond de sa misère, de sa pauvreté, elle aida puissamment les sages-grands de terre et de mer, les procurateurs de saint Marc, et, d'ailleurs, les conseillers du doge, les membres du tribunal des Dix, de celui même des Trois; la terreur mystérieuse, le voile superstitieux dont elle s'environna, aidèrent aux patriciens à régler les destins de la dominatrice de l'Adriatique. Le despotisme qu'elle allégeait fut supporté, moins pénible par le peuple, au moyen d'un appareil fantasmagorique. On allait se plaindre à Gargagna du patriciat. Elle au lieu de souffler la révolte, recommandait la soumission et la paix; elle faisait du patriotisme une dévotion. Les femmes qui venaient la consulter s'en retournaient toujours portées à engager leurs frères, amans ou maris, à patienter, et c'était bien là de cas d'appliquer la pensée de Mercier, qui sert d'épigraphe à ce chapitre; c'est une roue de cuivre qui fait aller une montre d'or.

Gargagna, lorsque son petit-fils parut masqué devant elle, avait une sorte de société composée des fonctionnaires d'une confrérie de veuves, dont les assemblées et les dévotions avaient lieu dans la chapelle du Saint-Sacrement. Depuis soixante-dix ans, Elpha Gargagna en était la doyenne; elle avait tant vu de fois se renouveler même la totalité des confréresses, qu'elle était devenue, pour celles aujourd'hui existantes, comme une sorte de personnage extraordinaire qui ne tenait plus à la terre. On ne doutait pas, et le bruit en courait depuis long-temps, qu'à certaines bonnes fêtes de l'année, son ame ne quittât son enveloppe mortelle pour aller à la porte du ciel s'unir aux saints chœurs des anges. Il résultait de cette opinion que toutes les paroles de la doyenne étaient importantes, et qu'on lui obéissait en tout.

Paolo ayant pénétré dans la première salle,

dont la porte extérieure était toujours ouverte, sans crainte des voleurs dont aucun n'eût osé faire du tort à celle que certains croyaient en commerce avec le ciel, et d'autres avec l'enfer; Paolo s'arrêta. On parlait dans la chambre voisine; une donna disait à la maîtresse du lieu :

— « Un digne abbato (abbé), m'a juré que les Français, depuis qu'ils ont tué leur roi, sont chaque nuit, du vendredi au samedi, changés en loups.

— « Ce n'est que trop vrai, lui fut-il répondu. Lorsque minuit sonne, tous sans exception, les royalistes à part, tombent sur leurs mains; un démon jette sur chacun une peau de loup maudite, et les voilà par grandes troupes qui parcourent les bois, les ravines, les landes, les montagnes. Malheur au voyageur égaré, au contadino qui s'attarde! on les dévore impitoyablement. On m'a assuré qu'un troupeau de cinq cents bœufs, qu'on menait à l'approvisionnement d'une de leurs armées, fut mangé jusqu'au dernier. Les conducteurs se sauvèrent à grand' peine. Il est certain que cette multitude effroyable de quadrupèdes disparut si bien, que pas un n'arriva à destination. Je sais que les francs-maçons, ces impies, prétendirent qu'on avait vendu ce troupeau aux ennemis ; mensonge abominable, avancé par des amis de Satan et à son profit. »

Paolo, qui savait lui, à peu près, comment l'affaire avait eu lieu, se mit à rire. Un éclat l'ayant trahi.

— « Qui est là ! s'écria Gargagna.

— « Un patricien, répondit intrépidement son petit-fils pour en imposer à la compagnie de confréresses. Il ne se trompa point : à peine les commères eurent-elles entendu cette qualification faussement prise, que toutes ensemble se levèrent, et, défilant devant le malicieux Paolo, lui adressèrent respectueusement une révérence profonde qu'à peine il daigna leur rendre. Dès qu'il se vit avec son aïeule, il leva son masque et se fit reconnaître.

— « A quoi bon quitter ton faux visage ? lui

dit l'antique Elpha; crois-tu que le seul son de ta voix ne suffise pas dorénavant pour que je sache qui tu es?... N'es-tu pas en même temps honteux, Paolo, de ne venir à moi que sous de faux noms, ou au moyen de titres mal acquis? Mon enfant, la sincérité est la première vertu; manque-t-on à celle-là, les autres tardent peu à partir. Que me veux-tu?

— « Vous apprendre, chère *avola* (grand' mère), que j'aime une nouvelle fois, non pas, j'espère, une coquette, mais une honnête fille, sage, jolie, réservée, et qui selon toute apparence, fera mon bonheur.

— « Et qui jouira d'une honnête aisance, si son frère parvient à conduire à bout la grande tâche qu'il a entreprise.

— « Avant de répondre à ceci, mère grand, je dois m'étonner que déjà l'on vous ait instruite de ce que celle que j'aime ne connaît que depuis une heure.

— « Il y a de bons yeux à Venise. N'est-ce pas la gente Anella, sœur de Piédro Marni?

— « Elle-même, et bien qu'unie à son frère, il me semble que la profession de bravo, si elle empêche de mourir de faim, ne procure pas de hautes richesses.

— « Il a souvent de bons coups de poignards à donner.

— « De par saint Marc! *cara avola*, car moi aussi je suis Vénitien, Piédro n'est-il pas en ce moment passé en terre ferme en homme de peine, en sorte de faccinini, pour faire partie de la maison du provéditeur Pesaro?

— « C'est vrai, repartit Gargagna, fâchée d'avoir été si avant.

— « Et ce riche coup de poignard sera-t-il donné pendant le voyage ou au retour? demanda négligemment le jeune homme.

— « La discrétion, *mio figliolo*, est la première qualité des bravi; or Piédro ne dit jamais que ce que tout le monde peut savoir : alors ce n'est pas grand'chose.

— « Et bien il fait; sans cela, il perdrait la confiance de ses patrons, et certes sa réserve à l'égard des parleurs dont Venise abonde est louable ; mais je me figurais que la haute considération que chacun porte dans la ville à ma vénérable aïeule lui aurait acquis une meilleure part que nous dans la mission de Piédro.

—« Il est vrai que ce serait chose étrange et digne de pitié que de me voir cacher ce qu'on dirait à un jeune merle tel que Piédro, tant que, sans me vanter, j'ai eu plus d'une fois l'honneur de parler au tribunal des Dix sans intermédiaire.

— « Plus vous me prouvez combien Saint-Marc vous estime, moins je conçois la réserve du bravo.

— « Je suis charmée, Paolo, de la chaleur avec laquelle tu prends ma défense ; rassure-toi. Piédro savait bien que le succès ne répondrait pas à son espérance, si je n'eusse fait toucher au corps du très-sanctissime saint Marc le beau stylet de verre avec lequel le vigoureux Vénitien arrachera la victoire aux abominables Français. »

Paolo fit dévotement le signe de la croix, puis, levant les yeux au ciel :

—« O santa Maria et san Théodoro, combattez de toute manière les abominables Français... Mère-grand, poursuivit-il, vous rappelez-vous l'époque heureuse, où *bimbo* réel, m'attachant à vos robes, et entièrement caché dans les plis de votre mante démesurée, je descendais avec vous dans la grotte mystérieuse où repose notre auguste saint sur un lit d'or, et où vous m'appreniez à répéter la prophétie fameuse :

*Quan della grotta sua*.......

—« Miséricorde ! s'écria la décrépite nonna, te ressouviendrais-tu aussi bien des mille détours qui conduisent à la demeure sainte?

— « Bon, des vers, à la bonne heure, cela vient naturellement à la bouche, tandis qu'un chemin périlleux, détourné, que rien ne rappelle à la mémoire, tarde peu à s'en effacer.

—« Tant mieux, mon fils, tant mieux. Nous sommes dans une ville de sage méfiance, où l'on sait l'importance d'un secret aussi grand que celui-là; et, dans la crise où nous sommes, il serait bon de renfermer en un minime faisceau, ceux ou celles encore en possession de ce mystère admirable.

—« Oh! si je l'avais su, peut-être ne serais-je jamais revenu dans les lagunes de la sérénissime.

— « Et pourquoi, cher et beau fils !

— « C'est que j'aurais pu vendre cher, soit à Naples, à Rome ou en France, un tel secret.

— « Et tu l'aurais vendu en effet ? demanda Gargagna avec empressement, tandis qu'elle cherchait un objet perdu dans la profondeur de son immense poche.

— « Avola, vous avez bien mauvaise opinion de votre sang, si vous pouvez croire que l'appât d'une somme d'argent le porterait à trahir saint Marc et sa patrie.

—« Ah! Paolo, carissimo Paolo, remercie ton saint patron de la prudence qu'il a mise dans ta bouche; car, si tu m'eusses paru faible et incertain sur tes principes, j'aurais tué le rebelle à saint Marc, et le canal grand aurait reçu l'a-vola patriote qui n'aurait pas craint de trancher dans sa racine une des plus belles branches de son tronc avec le poignard de feu son mari..... C'est là cet instrument de ma prospérité passée; maintenant on ne l'appelle plus pour servir les intérêts des grands patriciens ou des nobles de terre ferme. Prends-le, mon fils, je te le donne. »

L'habile comédien Paolo ne balança pas sur rien de ce qu'il avait à faire; il savait combien était majeure à Venise la puissance attachée à l'arme du signor Gargagna ; que par elle il obtiendrait les moyens de descendre en pleine sécurité dans le palais souterrain et brillant de saint Marc.

Son aïeule, malgré sa longue expérience, fut toujours trompée par lui dans les diverses choses que son adresse mit en avant; elle avait cru à sa vertu, à son patriotisme, à son désintéressement. Certes il était Vénitien, mais non à la manière de son avola toute praticienne : lui au contraire n'aspirait qu'à renverser ces nobles arrogans , et qu'à élever sur leurs débris le corps respectable de la citadinance.

Satisfait d'avoir tant obtenu, il se retira en avouant à la vieille Gargagna qu'il était venu pour lui confier l'amour allumé dans son cœur, mais que, dans ce moment, il n'oserait lui en parler, surtout dans l'absence de Piédro, qui sans doute tarderait peu à reparaître.

—«Ce sera, mon fils, un beau moment pour notre chère cité. Il ne sera fils de bonne mère qui ne coure au devant de notre bravo en criant : *San Marco*, et en lui offrant des branches de laurier et d'olivier.

—«Il sera heureux, dit Paolo négligemment, et comme s'il eût été simple gondolier de Venise. Il est certain que s'il tue sans confession le général Bonaparte, et qu'à son tour il ne soit pas tué sur le coup, il fera certainement une bonne maison de notre citadinance; *mà, per Baccho!* il n'aura pas ce bonheur....oui, ce bonheur que tout Vénitien lui enviera éternellement. »

A mesure que Monazone parlait et que sa parole devenait chaleureuse, son aïeule levait la tête, d'abord avec lenteur, puis avec plus de vivacité; enfin un rayon de joie l'illumina.

— « O Paolo, dit-elle en prenant son petit fils par la main, tu es donc demeuré un digne rejeton de saint Marc?

— « En avez-vous douté, avola? ai-je été assez malheureux pour vous inspirer des soupçons de mon patriotisme? il est franc, sincère et pur.

— « Je craignais la fréquentation des hérétiques, des infidèles, des francs-maçons, car voilà ce qu'on trouve maintenant parmi les Français.

— « Que Satan les emporte! qu'il les détruise jusqu'au dernier. Mais je vous ai trop retenue, ma mère : vous avez des prières à faire; je vous reverrai bientôt.

— « Emporte ma bénédiction, Paolo, et calcule bien les réponses que tu adresseras à qui viendra vers toi demain matin, à trois heures, au nom de saint Marc, nom si sacré pour tout cœur vénitien. »

# XI.

## LE VOYAGE EN GONDOLE.

> L'amour, en la compagnie de l'amour,
> brave la mer et la mort.
>
> LENODLE.

Lorsque Paolo Monazone se fut séparé de son aïeule, il mit entre elle et lui plusieurs calle, regardant s'il n'était suivi par des personnes suspectes, examinant celles qui passaient sur les ponts; sûr enfin que, pour le moment au moins, la commodité du masque l'empêchait d'être soumis à une investigation perpétuelle, il s'arrêta, et, appuyant ses deux mains sur sa poitrine, à la place du cœur, comme pour en contenir les palpitations :

—« Oh ! dit-il, j'ai réussi, je les tiens, eux et leurs secrets, je suis admis dans leurs complots. Infâmes ! ils veulent le sang du grand Bonaparte ; les lâches ! ils égorgeraient un héros et n'oseront pas le combattre ! Je les démasquerai, je les attaquerai sur leur champ de bataille. »

Napoléone, tu ne vaux rien, pour attaquer Venise, tu viendrais à elle avec des armes courtoises, il la faut attaquer en Vénitien, avec la foudre et la trahison.

Paolo continua, s'applaudissant de la ruse avec laquelle il avait surpris les secrets de son aïeule ; elle deviendrait de plus en plus confiante, et avant peu il arriverait à l'exécution du plan pour lequel il fallait son concours. Dans ce moment il ne devait songer qu'à une seule chose, celle de s'opposer à la mission sanguinaire de Piédro.

—« Non, non! s'écria-t-il, je ne consentirai pas à ce que ce misérable tranche le cours d'une aussi belle vie; mais cependant des nœuds de sang nous unissent. Sa sœur..... lui coûterai-je des larmes ? sera-ce moi qui dévouerai son frère à la mort? Si je pouvais le changer, l'effrayer, le ramener ici conduit par la terreur. »

Le trouble de son intérieur, ses réflexions ainsi prolongées, le ramenèrent jusque chez lui.

Anella était sur le seuil de la porte, attachée à l'attendre, dévorant le temps de l'absence, et le charmant par des rêves d'amour. Dès qu'elle l'eut aperçu, sa physionomie se ranima et la paix et l'amour le remplacèrent dans ses beaux yeux où brillait l'azur du ciel, contraste sublime avec sa chevelure d'ébène et la teinte italienne de sa peau douce, satinée et ferme.

—« Je ne sais, dit-elle en essayant d'un doux sourire, je ne sais véritablement pourquoi tout m'accable et me tourmente aujourd'hui;

voilà deux jours du départ de mon frère, et je ne peux m'accoutumer à son absence ; et, lorsque je ne vous vois pas, Paolo, il me semble que je suis seule dans la nature.

— « Je ne comprends pas, cara Nella, pourquoi votre frère a laissé à la foi publique une aussi belle fille que sa sœur; son insouciance, que rien n'égale, manifeste ou peu d'amitié ou un mépris ou un dédain bizarre de la vie.

— « Pourquoi ne pas attribuer à un motif plus noble, à l'amour de la patrie, l'acte généreux qu'il espère d'accomplir ?

— « Je crains qu'au lieu de réussir, comme il se vante, il ne trouve que honte et que désespoir dans sa terrible mission. S'imagine-t-il rencontrer sans défense le général Bonaparte ? croit-il parvenir à lui sans trouver ces remparts vivans qui défendent mieux un homme que des murailles de pierre et des portes de fer ? Une garde sévère à pied et à cheval, commandée par des amis intimes du général, ne permet à aucun Italien de s'approcher sans son autorisation, et, dès que le soupçon gagne, l'homme soupçonné est anéanti. »

Anella poussa un cri terrible, et, saisissant le bras de son amant :

— « Ainsi mon pauvre Piédro est perdu?...

— « Il le serait sans doute s'il avait consenti à se rendre au camp des Français avec des intentions criminelles; mais je présume et je me porte caution pour lui qu'il n'en est rien ; que, seulement curieux, il a voulu faire comme nombre de ses camarades. Dès lors, vous le reverrez; car en France, du moins encore, la fantaisie de voir les mœurs de l'étranger n'a été imputée à crime qu'aux seuls nationaux.

— « Signor Monazone, dit la jeune fille en le regardant avec des yeux remplis de larmes; je ne vois pas pourquoi je ne me confierais pas à vous.

— « Qui s'intéresse plus que moi à la belle Anella? je crois que la vie auprès d'elle serait douce à passer.

— « Si vous avez cette croyance, lui fut-il

répondu, Piédro Marni est votre frère, et, à ce titre... »

Elle hésita, s'arrêta, et lui, pour l'encourager :

— « Oui certes, je chéris Piédro comme un frère ; je dois, s'il est entraîné par des séductions perfides, ouvrir ses yeux, éclairer son cœur, le ramener à la vérité. Parlez, chère amie, et, en franc Vénitien, je vous dirai la vérité.

— « Savez-vous qu'on accuse nos compatriotes de ne se montrer sincères qu'à demi ?....

— « Oui, envers les étrangers, mais entre nous c'est autre chose... Anella, le temps presse, je peux beaucoup pour votre frère, si vous ne me cachez rien ; je ne pourrai rien, si vous êtes dissimulée... »

A ces mots, la Vénitienne, ne se retenant plus, conta à son amant qu'un patricien masqué était venu trouver Piédro en lui promettant quatre mille ducats, une maison au quai des Esclavons, une felouque *dei più belle*, et, par dessus tout la protection de la sérénissime république, ceci en retour d'un coup de poignard de verre qu'il s'engagerait à donner à l'antéchrist Bonaparte. *L'affaire*, dit Anella, parut superbe à mon pauvre frère. On lui a dit que les Français, par politique, avaient conservé le droit d'asile, et sur cette assurance il est parti.

— « Et il a été à une mort infaillible, soit qu'il réussisse ou qu'il échoue, repartit vivement Paolo. Les Français respectent le droit d'asile! Ah! pauvres insensés, qui avez cru à ce conte. Non, certes, ils ne le laisseraient pas leur dérober une telle victime; mais le crime échouera, et votre frère périra victime de la perfidie du tribunal des Trois.

— « Ohimé! dit Anella tressaillant, et à la fois faisant un signe de croix, vous êtes Vénitien, et vous prononcez sans frémir des paroles qui feraient trembler ici les plus braves, rien seulement qu'à les entendre!

— « Je ne crains que Bonaparte, répondit

Paolo. Mais vous, votre désir est-il de sauver votre frère ?

— « Je donnerais pour lui mes neuf premières vies, si je les avais, et sans hésiter, et je ne balancerais peut-être pas à lui concéder la dixième.

— « Dans ce cas, vous devez sur-le-champ partir, sans mettre personne dans votre confidence. Arrivée au quartier-général, vous demanderez le colonel Junot; vous lui remettrez la lettre que je vais écrire, et votre frère sera sauvé. Il périra, vous et moi avec lui, si un autre Vénitien soupçonne le but de votre voyage.

— « Dieu est témoin, dit Anella, que je ne manquerai pas de discrétion, je vous l'assure. J'ai une gondole à mes ordres, je dois vous prier de me prêter Éblo pour me conduire à Mestre, d'où je gagnerai aisément la terre ferme.

— « Autant, répliqua Monazone, vaudrait-il que, vous attachant au cou un poids de cent livres, vous vous laissassiez couler dans l'Adriatique, si vous n'avez pas de meilleur guide.

Quoi! l'arrière-petit-fils de cette fanatique Vénitienne, elle, capable d'immoler à Saint-Marc tous ses proches parens. Pensez-vous qu'Éblo aurait une obéissance passible, qu'il tairait à son avola un tel secret? et alors Piédro serait perdu, Anella avec Piédro, et moi avec ma bien chère Anella. Non, non, poursuivit le jeune homme, j'ai de bons bras, du courage, le désir de vous servir ainsi que le *mio cognato* (mon beau-frère): je vous conduirai lestement à Mestre, et, demain matin, avant le lever du soleil, je serai de retour de manière à n'appeler sur moi aucun regard. »

Anella, pressée d'arriver à temps pour sauver son frère, hâta ses préparatifs; Paolo, qui se savait le lendemain une rencontre mystérieuse dont il espérait beaucoup pour le succès généreux, mit aussi de l'empressement à écrire deux lettres, une à Junot, l'autre au général en chef; et lorsqu'il vit Éblo endormi du sommeil parfait de l'adolescence, il quitta son costume élégant pour revêtir le pantalon large de laine et la jaquette de simple gondolier. Un bonnet plat couvrait sa tête, une ceinture de soie serrait ses reins nerveux. Qu'il était encore beau sous ce simple costume!

Anella rougit de plaisir en le voyant. Il avait instruit brièvement Dandolo de ce qu'il aurait à faire si l'enfant se réveillait avant son retour; libre alors d'autres soins, tout à l'amour, il s'élança dans la gondole qu'un retranchement de petites lattes défendait contre le choc de la malveillance ou de l'inhabileté; la mit au milieu du canal, et bientôt la vigueur de son poignet et la dextérité avec laquelle il dirigeait la barque tardèrent peu à les entraîner vers la pleine mer.

Anella, assise dans la cabine, n'osait en sortir pour se rapprocher de son amant; son cœur palpitait, soit à la pensée de l'avenir, soit en se rappelant son frère; elle regardait machinalement ce pavillon céleste, à la teinte superbe d'un beau velours noir, relevé par une broderie sans pareille de milliers d'étoiles d'or et d'argent; aucun bruit que celui des rames ne troublait le silence de la nature. La mer se montrait lumineuse, et, de l'autre côté, Venise se détachait en sombre opposition, bien que quelques lumières brillassent dans certains palais : l'heure était calme et silencieuse. Anella se mit à prier.

Il y a dans le cœur des vierges du Midi un fond de piété ravissante. Oh! qu'elle est préférable à cette philosophie impie, athée, qui flétrit l'imagination des jeunes filles de Paris! Que l'amour a plus de charme, soit qu'il combatte, soit qu'il s'accommode avec la religion; du moins, ce pur sentiment promet des vertus dans la mère de famille, tandis que l'impiété ne peut présager que la débauche et les mauvaises mœurs.

Anella priait donc avec une ferveur parfaite, lorsqu'elle fut retirée de sa méditation par la voix admirable de son compagnon. Il la modulait avec un goût exquis tout en conservant les formes du gondolier vulgaire. C'était le ténor parfait : il était dommage qu'une telle mélodie se perdît sur les eaux.

## L'ERREUR DE LA JEUNESSE.

Oh! que le ciel est pur, que la vie est heureuse!
    Au doux printemps cueillons des fleurs!
Que j'aime à tressaillir dans la fièvre amoureuse;
    Que de plaisir dans ses douleurs!
Voyez : la mer est calme et le ciel sans orage;
    Les flots sont à peine mouvans;
La jeunesse n'a point à craindre le naufrage;
    Déployons les voiles aux vents.

L'horizon s'agrandit quand la route commence.
    Quelle peur glaçait nos parens?
Craignez, nous disaient-ils, cet Océan immense,
    Et les écueils inapparens.
Enfin, nous avons fui leur prudence importune :
    Quel prix a-t-elle mérité?
Là bas nous trouverons le bonheur, la fortune;
    Tout rit à la témérité.

Enguirlandez les mâts de fraîches primevères;
    Au gouvernail semez des fleurs;
Prenez le luth d'ivoire, harmonieux trouvères;
    De l'amour portons les couleurs.
Voilà le port... Voici cette rive charmante
    Où nos désirs seront comblés;
Où, libres désormais de tout soin qui tourmente,
    Nos jours ne seront plus troublés.

Voici le port... Quelle est cette vapeur brumeuse
　　Qui, tout là bas, couvre les flots ?
L'esquif monte et descend sur la plaine écumeuse;
　　A l'ouvrage, bons matelots !
Le zéphyr s'est enfui, l'auster siffle avec rage,
　　Bravons son courroux menaçant.
La jeunesse n'a point à craindre le naufrage,
　　Et le péril est impuissant.

Mais la tempête gronde, et sa fureur déchire
　　Ces guirlandes et ces festons,
L'onde s'enfle et rugit, la rive se retire;
　　La foudre éclate, et nous chantons !
Nos parens l'avaient dit : la mer est dangereuse,
　　Nos parens auraient-ils raison?
Devions-nous écouter la sagesse grondeuse
　　Aux jours de la belle saison?

Anella avait ouï le premier couplet de cette ode anacréontique avec une admiration silencieuse; le second agita son cœur; au troisième elle s'était levée, et, cédant au charme de cette voix sans pareille, elle quitta la cabine et vint auprès de Paolo; là, elle resta, le contemplant avec l'enivrement de l'amour satisfait. Lorsqu'il eut fini :

— « O Monazone, dit-elle, que tu dois

savoir aimer, si tu éprouves l'amour comme tu t'abandonnes aux charmes de la poésie, et qu'une femme aura de bonheur avec toi!... Paolo, que l'amour pur a de charme! quelle douce et ravissante satisfaction il procure à la fois! l'ame est paisible, aucun remords ne la trouble, aucun regret ne la tourmente; avec la vertu, on lève un front calme qui ne se ride jamais. Crois-moi, ne nous rendons jamais coupables devant Dieu; car alors il est rare de ne pas le devenir devant les hommes. »

Paolo écouta à son tour avec transport la divine créature. Elle était debout; lui, sans quitter la rame, se leva lestement, et, la serrant sur son cœur avec la main qui lui restait libre, lui jura une tendresse sans terme, et prit sur ses lèvres brûlantes un chaste baiser de fiancé, qui lui fut rendu plus délicatement, tant la bouche d'Anella pressa légèrement les siennes.

Arrivés à Mestre, Paolo eut fort à faire pour se maintenir raisonnable; il eût voulu ne pas retourner à Venise, et conduire sa maîtresse au quartier-général. Par là, il n'était plus de péril pour lui ; car il ne pouvait se dissimuler que la terre de Saint-Marc tremblait sous ses pieds ; il aurait obtenu sûrement la grace de Piédro, et Nella eût été satisfaite ; mais son devoir lui permettait-il d'immoler ces intérêts graves auxquels il s'était associé ? la cause de l'affranchissement de Venise, de l'indépendance de sa patrie, les ordres de Napoléon seraient-ils méconnus ? Non sans doute ; il lui fallait poursuivre, persister, se maintenir.

Il accepta donc sa destinée ; il se sépara de la belle fille, et, au moment de la voir poursuivre sa route vers la terre ferme, sa jalousie le reprit. Il se représenta Anella seule parmi les Français ; sa beauté, leur galanterie, l'amour alarmé lui crièrent de la suivre : le génie de la république lui ordonna de la quitter. Il s'élança dans sa barque, donna un coup d'aviron et gagna le large. La nuit allait peu tarder à faire place à la lumière ; déjà des barres d'argent et d'or se dessinaient au bout de l'Adriatique, sur l'horizon, du côté où devaient être les montagnes des Monténégrins et Zara.

Paolo, rêvant d'amour, d'ambition, de vertu, n'eut pas le loisir de s'ennuyer pendant le temps que dura son retour; enfin, il atteignit sans malencontre sa demeure, où, pour tromper les surveillans, s'il y en avait, il rentra par les canaux intérieurs de la ville. Plusieurs douaniers, dans cette course matinale, le hélèrent, et, l'ayant visité attentivement, ne purent que le laisser, en liberté, poursuivre son chemin. Venise n'était pas la ville des vexations sans preuve; on voulait que les employés du gouvernement eussent dix fois raison avant qu'ils se hasardassent à frapper un citadin d'une avanie, et encore même, dans ce dernier cas, Saint-Marc ne tenait pas toujours ferme dans ses griffes vigoureuses le malicieux Vénitien qui l'aurait frustré dans ses droits: il fallait à l'avance bien connaître ses protecteurs patriciens et ceux de la haute bourgeoisie.

La noblesse traitait avec des égards

extrêmes les gros colliers citadinans. Ils avaient grand soin de leur plaire. Quand ils étaient fâchés, on tâchait de les apaiser, de leur faire, en temps et lieu, des gracieusetés; et, de loin à loin, des pauvres Barnabottes étaient autorisés à épouser, comme adoptées par Saint-Marc, de riches héritières prises dans la citadinance.

## XII.

**L'AMBASSADE VÉNITIENNE.**

> Souvent le plus important d'une compagnie n'en est pas le plus apparent.
> 
> LENOBLE.

DANDOLO, instruit de la visite secrète que son camarade recevrait ce matin, se leva avec l'aurore, et déjà il avait quitté le manoir, lorsque Paolo n'était pas encore rentré. La prudence lui interdisait tout point de contact, tout rapprochement périlleux. Il appela une gondole et se fit conduire dans les eaux de Saint-Marc, afin de voir, sans être suspect, les nobles réunis au *Broglio*.

Tous les jours, de sept à huit en été, et de huit à neuf en hiver, les jeunes nobles, les vieux quelquefois, se rassemblent au coin de la Piazzetta et sur le quai des Esclavons; là, se promenant de long en large, ils causent de leurs affaires et de leurs plaisirs. Le peuple alors surtout respectait ce petit espace, et, dans les instans où il était occupé par les patriciens, la bourgeoisie et les étrangers ne les troublaient ni par leur présence, ni même en traversant ce lieu, connu sous le nom facétieux de *il Broglio* (le Moulin).

La gondole de Dandolo allait et venait en face de la Piazzetta, selon le commandement du patron. Il s'était là donné rendez-vous avec le comte d'Entraigue et le comte de M...., ces deux ci le croyant pleinement royaliste; il aurait pu se dévoiler au second; mais, comme il le considérait trop peu pour avoir en lui la moindre confiance, il se maintenait à son égard dans une discrétion aussi complète.

Les deux Français se firent attendre outre mesure. Le Broglio avait pris fin. Dandolo alors, cessant de courir des bordées, se fit descendre sur la Piazzetta. Ses gondoliers, par malice, le mirent au beau milieu de la place, entre les fameuses colonnes, se flattant de lui voir faire un circuit, afin de ne pas traverser l'entre-colonnement, espace de mauvais augure, à ce qu'on sait.

Dandolo, ayant sauté d'aplomb sur les dalles du quai, ce qui ne laisse pas que de présenter une apparence de péril, à cause du clapotement des eaux de la mer, qui rend partout à Venise la sortie des gondoles dangereuse à qui n'a pas le pied marin, c'est-à-dire ferme et léger; Dandolo, dis-je, fit deux ou trois pas machinalement, comme s'il eût perdu la souvenance du lieu où il était, lorsque, de quelque distance en avant dans l'intérieur de la Piazetta, le Français M..., lui cria, l'ayant reconnu au costume de convention déterminé entr'eux :

— « Hé! signor, prenez garde *che gli belle donne del pregadi* ne voudront pas d'un homme qui provoque le glaive de saint Théodore et le coup de griffe du compagnon de santissimo Marco[1]. »

Dandolo, à cet appel, se réveilla de ses ré-

[1] Le sénat dirigeant portait à Venise le nom de *Pregadi* (les Priés). Dans le principe, le doge, par la voix de ses officiers, *invitait, priait* les principaux nobles ou citadinans à s'assembler chez lui. Le mode d'élection changé, le nom s'était maintenu. Le sénat était composé de soixante magistrats, et d'un pareil nombre de suppléans, connus sous le titre de *giunta*.

De jeunes patriciens, simples auditeurs, pour s'instruire, formaient un autre corps attaché aux Pregadi, sous le titre de *solto giunta*. Ils n'avaient ni voix ni importance ; c'était la pépinière des jeunes nobles que l'on élèverait plus tard aux hauts grades.

La statue de saint Théodore est armée d'une épée. Sur la deuxième colonne est, tout seul, le lion de saint Marc. Il a des ailes ; il tient un livre ouvert sur lequel il y a gravé : *Salvi san Marco, evangelista meum*, et une épée aussi. Le tout est de bronze. Napoléon avait fait transporter ce lion à Paris, en 1799; on le plaça sur un massif, au milieu de la place des Invalides. Lieu malencontreux, rien n'y tient : on y a vu un bonnet de liberté, ledit lion, une quadruple fleur-de-lis, le buste de Lafayette. Il y a maintenant autre chose : jusques à quand ?

flexions, il regarda les deux colonnes comme pour les braver, et puis d'un pas ferme franchit l'espace entre deux.

— « Tu n'es pas patricien, crièrent plusieurs ouvriers.

—« C'est ce que plus tard vous verrez, mes maîtres, répliqua dédaigneusement Dandolo qui, dans ce moment peut-être, rêvait au dais et au trône où il se placerait dans la sorte de règne qu'il exerça plus tard en Dalmatie. Il arriva droit au comte de M.....

— « En vérité, j'aurais hésité à faire comme vous; au jeu que je joue, il ne faut pas provoquer la mauvaise humeur de la fatalité. »

Puis, continuant sur un autre ton, il entraîna le Vénitien sur la piazza San-Marco, tout auprès d'un socle de bronze ciselé qui soutenait le mât au bout duquel flottait le grand étendard de Négrepont. Là, le comte d'Entraigue, qui conservait toujours sa suprématie de ministre plénipotentiaire de sa majesté Louis XVIII, attendait, en la double compagnie de sa femme, Sainte-Huberti, et de l'aumônier toulousain, abbé Moutet.

La conversation devint intéressante après les premiers complimens. D'Entraigue, gagné par l'adresse supérieure du fallacieux Italien, crut se faire valoir en lui laissant lire dans ses instructions. Il en résulta que, sans obtenir en retour que des billevesées, il livra imprudemment ses secrets, dont M....., d'une part, et Dandolo de l'autre, firent leur profit, et certes avec plus d'art et plus d'habileté.

Pendant que ces choses avaient lieu à Venise, pendant que l'intrigue agitait cette ville et ses habitants, le provéditeur Pesaro s'avançait vers le quartier-général de l'armée française. Chargé d'aussi grands intérêts, comprenant que de l'entrevue qu'il allait avoir avec Napoléon dépendait la destinée de sa patrie, il se demandait ce qu'il fallait faire pour ramener cet ennemi si redoutable, pour le porter à souffrir que Venise poursuivît son existence indépendante. Il s'apercevait que la vieille et astucieuse politique européenne ne serait pas de saison; que, pour parvenir à un résultat avantageux, il faudrait d'autres voies, d'autres ressorts.

Il les cherchait, et, enveloppé de son ample manteau, chevauchait, perdu dans les réflexions et environné de sa brillante et nombreuse escorte. Venise voulait que ses ambassadeurs fissent préjuger de sa puissance par leur faste. On choisissait pour les missions extérieures les patriciens favorisés de la fortune, et en outre on leur accordait de fortes sommes, afin que leur luxe, éblouissant les yeux, inspirât plus de considération pour la république.

Dans cette circonstance, on ne s'était pas départi de la coutume vaniteuse : deux sénateurs servaient de conseil au provéditeur, et douze jeunes patriciens avaient été désignés comme gentilshommes d'ambassade ; trois secrétaires désignés par le conseil des Dix complétaient la haute partie du cortége.

Puis venait toute la maison privée de Pesaro : les majordomes, l'échanson, camerieri, fachini, un argentier, un sommelier, un maître-d'hôtel; le service de la chambre, de la bouche, de la cuisine; les cochers, les palefreniers, les piqueurs, conduisant quatre somptueuses voitures, toutes dorées ou en velours, ou en broderies, ou peintes, attelées chacune de six chevaux de couleurs variées; enfin douze chevaux de main, venant de l'Andalousie ou de l'Arabie parfumée.

Chaque sénateur, chacun des douze patriciens avaient aussi leurs gens. Bref, cette troupe, leste et bien équipée, ressemblait plus à un escadron de cavalerie qu'à l'ensemble d'une ambassade dont le chef allait traiter de la paix et de la guerre. La promptitude avec laquelle on souhaitait à Venise que Pesaro se mît en rapports bienveillans et réciproques avait fait décider que la distance serait franchie à cheval. Les équipages suivaient à distance; une multitude de contadini de tous sexes regardaient passer cette cavalcade imposante; certains lui applaudissaient en criant: *Viva san Marco*; les autres, mornes et fâchés, se contenaient dans un silence que les sénateurs annotaient pour en faire le rapport au sénat. Pesaro, que cette manière de manifester des sentimens désapprobateurs frappait pour la première fois, ne put se retenir de dire au sénateur Lando qui cheminait à sa droite.

—« Excellence, que vous semble de ce mutisme de nos fidèles sujets ?

—« Que la Sérénissime aura fort à châtier, lorsque la tempête sera calmée.

—« Oh ! Signor, ne vaudrait-il pas mieux réformer les abus qui mécontentent la terre ferme ?

—« Que san Théodoro nous en garde ! s'écria le second sénateur Da Ponte, en faisant un signe de croix; tout acte de faiblesse dé-

(1) Le patriciat vénitien avait toujours traité en pays conquis, en serfs, les États de terre ferme de la seigneurie et leurs habitans. La caste des nobles était particulièrement écrasée et humiliée avec une rigueur maladroite. Il en est résulté que, hors Venise, il n'y avait aucun patriotisme : à Padoue, à Bresse, à Trévise, à Véronne, à Zara, aux îles Ioniennes, etc.

considérerait la seigneurie; elle ne sera puissante que lorsqu'elle fera trembler.

— « Je pense autrement, dit Pesaro, et il soupira.

— « Provéditeur, répliqua Lando, il ne convient pas à un patricien d'aspirer à une popularité pernicieuse.

— « Mes seigneurs, dit avec vivacité le chef de l'ambassade, la république, au temps où nous sommes, souffrira beaucoup plus de l'orgueil qu'il y a parmi nous, que des bonnes manières des nobles qui chercheront à rattacher la citadinance à Saint-Marc; par exemple, comment faudra-t-il agir envers le général français.

— « Il est douloureux, reprit Da Ponte, que des gens tels que nous soient forcés de traiter de pair à compagnon avec des misérables sortis de la lie du peuple, car tous ces jacobins proviennent de la lie impure des Français.

— « Noble sénateur, répliqua Pesaro, je vous conseille de déguiser votre façon de penser sur les fonctionnaires et les généraux de la république française; s'ils la soupçonnaient, votre caractère de ministre plénipotentiaire ne vous garantirait pas de la rudesse de leur contact.

Da Ponte, machinalement, se rapprocha de Pesaro, comme s'il eût déjà senti sur son épaule la main de plomb du sans-culotte chargé de son arrestation; en même temps il s'écria :

—« L'Europe entière se lèverait indignée, la vengeance en serait terrible.....

—« Hélas, riposta Pesaro, lorsque les rois ont laissé périr Louis XVI sans punir les meurtriers, je craindrais qu'ils ne se maintinssent dans la même inaction, lorsqu'il ne s'agirait que d'un noble Vénitien.

—« Nous sommes cependant les plus grands seigneurs......

—« Dans les lagunes, soit; mais la Hongrie a ses magnats; la Russie, ses kniazs; l'Allemagne, ses burgraves; l'Angleterre, ses lords; l'Espagne, ses ricos-hombres (riches hommes), qui ont la témérité de ne nous céder en rien...... Mes seigneurs, notre éducation, en général, nous circonscrit trop dans les limites du Lido. Là, tout patricien est un demi-dieu; il serait bon d'apprendre à connaître quelle est ailleurs notre valeur intrinsèque. par exemple, aujourd'hui, dans la balance de la diplomatie européenne, pour la suprématie d'égards, le doge de Venise, son conseil, le conseil des Dix..... de plus, le collége et le sénat, même en y ajoutant le grand conseil et les Trois, pèseraient moins que le seul général Bonaparte, même sans les aider.

La prépondérance accordée à Pesaro prêtait un poids énorme à ses paroles ; cependant les deux sénateurs qui l'écoutaient dans le moment furent si confondus de son assertion, que tous les deux levant leurs mains au ciel, s'écrièrent :

—«De par saint Marc et saint Théodore, excellence, n'avez-vous pas ce matin bu un verre de trop de votre vin délicieux de Chypre ou de Lemnos?

— « Le péril où l'ignorance de la politique moderne place la république, répliqua sévèrement Pesaro, ne me permet guère de rechercher une douce distraction. Venise court à sa perte, par la seule raison qu'on la croit invincible. Qui la trahit aujourd'hui, sénateurs, est celui qui se l'imagine invincible...... Il baissa la voix, ralentit le trot de son coursier, et, se rapprochant de ses deux collègues : Le trône du doge est vermoulu ; il tombera en poussière si on s'obstine à vouloir le changer de place : nous touchons à l'heure d'une catastrophe épouvantable, dont nul de nous trois ne peut prévoir les résultats.

La solennité que Pesaro mit à tenir ce propos, porta un si rude coup à la jactance de ses deux collègues, que soudain ils passèrent d'une confiance excessive à un abattement pernicieux.

Cette conversation avait lieu à la tête de la cavalcade, entre les trois patriciens qui en faisaient la cime. A la queue, au contraire, et dans le dernier rang, où se voyaient pêle-mêle des camerieri, des gondoliers, des fachini, des domestiques de toutes sortes, masse compacte, indifférente et gaie, une causerie plus gaie, se maintenait entre trois ou quatre bavards privilégiés : c'était un gondolier au service du sénateur Da Ponte, lequel, s'imaginant que des villes n'existaient pas sans canaux plus ou moins vastes, avait voulu opiniâtrément venir faire son service : Thome Lanni était son nom. Il cheminait auprès d'un valet de chambre, barbier du patricien Memo, un des gentilshommes de l'ambassade, et celui-ci côtoyait Piédro Marni, que le lecteur ne peut encore avoir oublié.

On avait parlé de Venise en gens qui en connaissaient à fond les calle, les quais, les places; les carrefours, les ponts, les canaux, grands ou petits; et de là on se demanda réciproquement si on avait vu Milan. Dans les trois bouches, la réponse fut négative. Le domestique de Memo haussant dédaigneusement les épaules, se mit à dire :

—« Ça doit être une ville comique, toute en pleine terre.

— « On vient de me conter, et assurément, ajouta le gondolier de Lando, c'est une mauvaise plaisanterie, que Milan n'a pas même une rivière pour rafraîchir son enceinte.

—« Un sot Lombard, dit Piédro Marni en troisième, a osé, hier au soir, me jurer par le saint nom de Dieu que leur cathédrale, qu'ils appellent le Duomo, vaut mieux que la triomphante basilique de Saint-Marc.

—« La merveille du siècle.

—« Dites donc des âges passés et futurs......

—«Égaler san Marco, s'écria Piédro en joignant ses mains avec une expression féroce ; per Baccho, je poignarderais qui me convaincrait de la réalité de cette extravagance. Oh ! san Genaro, san Luca, san Giorgio, vous-mêmes illustres faiseurs de prodiges, vous-mêmes descendriez de vos trônes de gloire, si vous y étiez plus haut placés que lui sur le sien.

—« Je ne comprends pas, dit le gondolier

du sénateur, pourquoi le paradis souffre que l'enfer se soit établi en France, car il ne sort que des démons de ce pays.

— « Et que dit-on de leur chef? demanda Piédro avec le désir d'une réponse satisfaisante.

— « Qu'il fait, dit Luigi, le troisième, qu'il fait travailler à un char auquel il attachera nos *quattro bei cavalli*, pour emporter dans ses bras, en France, le corps sacré de notre saint protecteur.

— « Ohimé! s'écria Piédro, qui tout à la fois pâlit, rougit, écuma, frappa du pied la terre, et défia le ciel du poing fermé; Ohimé! per Baccho! j'espère qu'il n'y aura pas un Vénitien en vie, patricien, citadin, contadin, pour assister à cet épouvantable spectacle.

— « Est-ce possible! dit le premier qui avait parlé, le règne de saint Marc ne traversera-t-il pas les siècles, et lui-même peut-il être amené hors de son temple si beau ?

— « Il y a des gens qui affirment que ce malheur peut arriver, dit Piédro.

— « Et on te l'a répété à toi-même?
— « Oui, à moi, et bien souvent.
— « Qui?
— « Une femme célèbre, à Venise, connue du bimbo non moins que du patricien.
— « Gargagna ?

Ce nom fut prononcé en chorus par les deux autres interlocuteurs, et le cameriere de son eccellenza Memo se tournant vers Marni :

— « Tu la connais? demanda-t-il.
— « Un peu mieux que ma mère. Qui est dans ses bonnes graces passe des nuits tranquilles, et des jours qui ne le sont pas moins ; elle me traite avec bonté, avec complaisance : je reconnais tant de bienveillance en la servant de mon mieux! aussi, j'étais triste, inquiet, toujours sur le qui vive, redoutant un peu plus que le diable *gli signori della notte*. Maintenant, je vais, je viens, sans effroi, je n'appartiens qu'à moi-même, je dors calme, et le réveil ne m'a rien d'amer.

— « Hé! que pense Elpha Gargagna? car tu vois, Piédro, que, si sa personne nous est inconnue, sa renommée du moins nous est présente, puisque nous savons ses noms, prénoms, etc.

— « Plus d'une fois, lorsque, fatiguée de ses courses multipliées, elle repose ses membres endoloris, sur les degrés de la place Saint-Marc, elle appelle autour d'elle les raggazzi vénitiens, et leur répète la triste prophétie dont elle craint l'accomplissement :

> Quand' della grotta sua san Marco partirà,
> E quando di sua man al curro attecherà
> Gli quattro bei cavalli che via porterà,
>     Il Bucentauro morirà
> Ed' il Leon pontenza più n'avrà.

— « Fatale menace ! repartit l'homme du signor Memo, ah ! si l'on pouvait couper la corde qui liera les coursiers à la malencontreuse voiture.

— « Il vaudrait mieux que saint Marc s'en servît pour étrangler celui qui veut à la fois nous enlever nos chevaux, notre patron et la puissance de son lion couronné. »

Ce fut ainsi que s'exprima le gondolier Thome Lanni.

— « Saint Marc y pense, répliqua Piédro avec une expression tellement énergique et positive, que ses deux camarades le regardèrent avec autant de respect que d'admiration.

— « Oh! dit Luigi, pourquoi n'appelle-t-on pas tous les Vénitiens à la défense de Venise? Pourquoi ne pas faire comme nos ancêtres ont fait la première fois, où les Français, sous la conduite du fils de l'empereur Charlemagne Pepin, roi d'Italie, tentèrent de faire de nous des vassaux du vaste empire. Écoutez mes amis, le chant qu'un enfant de Saint-Marc improvisa :

### CHANT DE GUERRE VÉNITIEN.

Hôtes de la mer et des îles,
Des lagunes, fiers habitans,
Vous qu'on veut esclaves dociles,
Prenez la rame, il en est temps !
Voyez venir à nous, de ces plages prochaines,
D'un monarque puissant les barbares soldats ;

Pepin vient vous offrir et la honte et les chaînes.
O sainte Liberté, guide-nous aux combats!

 Quand tombait la grandeur romaine
  Sous les coups du fléau de Dieu (1),
 Un peuple que l'honneur amène
  Vint chercher la paix en ce lieu.
D'ici nous avons vu l'Europe ensanglantée,
Des barbares vainqueurs les sinistres débats;
La guerre, à l'autre bord, s'arrêtait irritée.
O sainte Liberté, guide-nous aux combats!

 Le Goth féroce et le Vandale
  N'ont pu nous soumettre à leurs lois;
 Bizance, en ses jours de scandale,
  Eut peur de nos premiers exploits.
Venètes, armez-vous; sur la roche stérile,
Vous aurez le bonheur et les riants ébats;
Qui défend son pays sait le rendre fertile.
O sainte Liberté, guide-nous aux combats!

 Vienne Pépin, viennent ses braves;
  L'Adriatique, dans ses flots,
 Engloutira tous ces esclaves,
  Dont il a fait des matelots.
Venise, lève-toi, guerrière florissante;

---

(1) Attila, roi des Huns, se donnait lui-même le nom de fléau de Dieu.

Sois partout couronnée où tu portes tes pas,
Et de la mer d'azur deviens reine puissante.
O sainte Liberté, guide-nous aux combats!

— Oh! s'écria Marni, amico carissimo! je ne connaissais pas ce chant national ; apprends-le-moi, je te communiquerai en réponse la barcarolle du gondolier vénitien.

— Tope, répondit Luigi, l'une vaut l'autre; mais chantons d'abord celle-ci en chœur.

Les trois valets commencèrent d'abord par entonner cet hymne patriotique; d'autres du cortége la connaissaient : bientôt trente ou quarante voix à l'unisson frappèrent les airs d'une musique remplie d'une mélodieuse harmonie.

— Dieu me pardonne ! s'écria Pesaro ; je crois que nos fachini s'avisent d'exhumer de son cercueil le vieux chant de victoire des antiques Venètes. Ah! excellence, nous sommes perdus, la révolution s'empare de nos sujets.

— Mais, dit Lando, ce chant est dirigé contre les Français.

— Non, signor, mais bien contre la tyrannie. Croyez-moi, faisons halte, et trouvons un moyen d'empêcher que cette manifestation d'indépendance ne continue. Si Bonaparte en avait connaissance, il se croirait logé déjà dans le palais de Saint-Marc. Aussi bien, voilà Milan où nous allons trouver ce fameux capitaine.

# XIII.

## UN HÉROS ET UN SAGE.

> Pour faire raison de l'un ou de l'autre, il suffit d'un imbécile armé d'un fer aigu.
> *Recueil de Maximes.*

C'était dans le palais Serbelloni, dans cette demeure somptueuse, toute en granit poli, en marbre, que le ciseau a creusé avec génie; c'était dans un cabinet situé au bout de la belle galerie, que trois jeunes gens travaillaient. L'un, avec qui déjà on a fait connaissance, se nommait Andoche Junot, aide-de-camp; il dédaignait les fonctions paisibles de secrétaire, et dédaigneusement regardait parfois la plume qu'il écrasait dans sa forte main plus faite pour manier un sabre.

Auprès de lui, un autre jeune homme, remarquablement beau, partageait le même travail; il portait aussi un costume militaire orné des épaulettes de colonel; l'écharpe annonçait qu'il était pareillement aide-de-camp. Sur sa figure franche et martiale se peignaient de nobles vertus; on voyait dans elle tout ce qui présage la générosité, la bravoure, les sentimens délicats; il était certain que celui-là fournirait une carrière dans laquelle trébucherait peut-être son camarade également investi de belles qualités, mais le surpassant par une prodigalité à tel point insensée, que l'empereur dirait un jour : Ils sont deux que je renonce à pouvoir enrichir : Junot et Marmont.

Le troisième, dont je n'ai rien dit encore, possédait pareillement ces avantages extérieurs qui ont tant de prix au bel âge; homme distingué par l'expression de ses yeux, de sa physionomie, paré d'une taille superbe que laissait paraître dans toute sa perfection un costume élégant, il plaisait au premier instant, tout comme les deux militaires (lui ne l'était pas), mais il ne sortait pas aussi bien d'un examen attentif. Chaque fois qu'on parlait d'argent ou d'or; chaque fois qu'une forte somme lui était présentée, ou que, momentanément, et en dépôt, on lui confiait des millions, cette physionomie riante, gaie, expressive, disparaissait; la bouche se contractait, les yeux, sortant de leur orbitre, dardaient des éclairs; on comprenait que celui-là ayant toujours faim et soif des métaux corrupteurs, céderait souvent au désir de les posséder, et, pour en avoir beaucoup, ne reculerait pas devant des actions déshonorantes.

— « Allons, Messieurs, puisque des messieurs nous sommes [1], pressons-nous; le gé-

(1) Au sortir du règne de La Montagne, et au moment

néral a hâte de recevoir ce travail, disait le colonel Lannes, lui-même ne cessant d'écrire et sans lever la tête.

— « En vérité, dit Junot, j'aimerais mieux aller à la parade que d'être ici comme ces culs de plomb.

— « Qui te valent, Junot; car je suis noble, ajouta le troisième.

JUNOT. Je m'en..... moque.

LANNES. Fi du mal élevé!

JUNOT. Pourquoi ne dis-tu pas plus franchement? Vive celui qui ne déguise pas sa pensée !

LE TROISIÈME. Bah! je me moque bien de

---

des conquêtes de Napoléon en Italie, en 1796, l'armée d'Allemagne, commandée par Moreau, s'était trop frottée à la noblesse germanique pour n'en pas avoir repris un peu de la vieille politesse nationale ; aussi appelait-on les officiers de cette armée les *messieurs*. Celle de Napoléon, toute en rapport avec des républicains (les Italiens), conserva plus long-temps la qualification populaire de *citoyen*.

Augereau prit texte de cette différence pour blâmer dans un ordre du jour la tournure féodale des officiers de Moreau. Ce que dit Lannes est une contre-vérité.

son opinion sur mon compte ; s'il avait la charge de régler le prix du travail, à la bonne heure..... A propos, Lannes, sais-tu ce que tu devrais dire au général ?

Lannes. Quoi ?

Le troisième. Qu'il devrait avoir égard à l'augmentation de besogne depuis une décade, et la payer plus cher.

Junot. Mon gentilhomme, tu ne rêves qu'à de l'argent.

Le troisième. A quoi penser qui vaille mieux?

Junot. A la gloire.

Lannes. A la patrie.

Le troisième. Maîtresse en consistance de fumée ; la mienne au moins on la voit, on la palpe.

Junot. Tiens, l'ami, regardes-le donc? vois sa bouche qui fait la moue, et ses yeux... la singulière expression!.... Il adore l'argent, et pourtant il n'est pas avare; c'est un panier percé... Hé bien, les Pantalons sont venus.

Le [troisième. Se plaindre de toi, certainement... tu as tellement fait l'extravagant!

Junot. Si je le savais, je leur ferais manger mon sabre, ou plutôt je courrais à Venise provoquer en duel le doge et les inquisiteurs d'État.

Dans ce moment, un individu de très-petite taille, non sans soupçon d'être bossu, entra presque furtivement.

— « Qui est-ce? demanda Junot que la mauvaise mine et l'air inquiet du personnage mécontentaient autant que la manière avec laquelle il s'introduisait.

— « J'ai une audience du général en chef.

— « Toi !

— « Je suis le comte de M...

— « L'espion... à la bonne heure; il y a ordre de vous admettre, mais pas avec les imbéciles, les honnêtes gens. L'ami, votre place n'est pas ici, à moins qu'en raison de votre titre, notre gentilhomme ne veuille vous faire les honneurs du salon. »

Le troisième secrétaire, que cette raillerie

offensait, se contenta de hausser les épaules. Le nouveau venu reprenant la parole, et s'adressant au colonel Lannes :

— « Citoyen, dit-il, à la décence de vos formes, je reconnais que vous êtes ici le chef; veuillez me conduire sans retard auprès du général en chef; mais sans retard, entendez-vous ?

Lannes. Alors, c'est donc bien pressé ?

— « Il y va de la vie de Bonaparte. »

A cette révélation qui tomba inopinée comme un coup de foudre, Junot, poussant un cri, s'élança vers une porte intérieure. Le colonel, se levant, vint avec empressement auprès du comte de M... et le pria de lui donner les lumières dont il aurait besoin pour sauver les jours de son chef. Le troisième ajouta, en postscriptum, quelques mots à une lettre, et la fit partir pour Paris.

Junot n'était pas encore hors du cabinet, lorsque le général entra par la même porte, et si vite qu'il se heurta contre son aide-de-camp; aussi lui dit-il :

— « Étourdi, tu as failli me renverser. Où courais-tu?

— « Vous sauver.

— « De quoi?

— « D'un crime.

— « Qui le débite?

— « Cet... homme... ce... comte. »

Napoléon, alors, regardant dans le sens que son aide-de-camp lui indiquait, reconnut le pélerin qui déjà l'avait vu avant que d'aller à Venise, et, faisant vers lui deux pas :

— « Ah! M..... c'est vous.

— « Oui, général.

— « Vous venez de Venise?

— « J'en arrive.

— « Où allez-vous?

— « Ici d'abord, puis à Vérone.

— « Comment et..... ce prin... le préten... le comte de Lille, y est encore? Hé bien, que brasse-t-il contre moi?

— « Lui, Sire, il est incapable de pensée

de meurtre; mais d'où je viens, c'est différent.

— « Fort bien; les Trois ont décrété ma mort... J'aurai leurs têtes avant que la mienne ne tombe.

— « Leur assassin est en route.

— « Quand arrivera-t-il?

— « Aujourd'hui.

— « Seul?

— « Non : on l'a mêlé avec le cortége du provéditeur Pesaro.

— « Qui ne sait rien de cette abominable trame, je le gage.

— « Et vous gagneriez; il aurait refusé sa mission s'il se fût douté qu'elle cachât un crime.

— « Oh! gouvernement amolli, énervé, avili, qui, n'ayant pas la force de pointer un canon, espère se sauver avec l'aide d'un poignard !

— « A votre place, je chasserais dehors et déjà cette députation.

— « M..., je ne vous demande pas ce que

vous feriez à ma place; non seulement Pesaro aura son audience, mais encore il remportera la paix, s'il accepte, au nom de la Sérénissime, ce que je lui proposerai. Je ne suis ni haineux ni vindicatif; je souhaite avant tout ce qui est au profit de la France. »

Un lieutenant annonça que le provéditeur Pesaro sollicitait une audience; que, pour marque d'empressement, il était venu au palais Serbelloni avant d'avoir pris du repos.

— « Entends-tu ça, Junot? et entends-le aussi, Bourrienne; toi, gourmand avant tout, toi, paresseux outre mesure.... j'en estime plus le signor Pesaro. »

Bonaparte, faisant signe au colonel Lannes, lui donna des instructions secrètes et promptes. Pendant ce temps, le comte de M... se sauva avec la frayeur de rencontrer les Vénitiens avant de disparaître; il donna un renseignement précis au héros, et, sortant avec Lannes, il acheva de compléter sa révélation.

Cependant Junot, tirant son large sabre, se mettait devant Bonaparte.

— « Que fais-tu ?

— « Mon devoir.

— « Comment !

— « Ces brigands viennent, qu'ils me tuent avant toi !

— « A quartier pousse-toi, j'aime à voir qui m'attaque ; je ne crains aucun danger.

— « Cela n'empêche pas que tous ces Italiens, à commencer par la Vénétie et à finir par la Corse, ne soient de satanés brigands.

— « Merci du compliment que tu me fais chaque jour.

— « Bah ! es-tu Corse ; toute la France te veut Français. Et certes qui a reçu un plus beau baptême de sang que toi ? »

Les deux battans de la porte donnant du cabinet dans la galerie furent ouverts avec fracas ; une voix italienne cria : *La sua eccellenza il generale di capo* (son excellence le général en chef). Aussitôt on vit venir de l'intérieur celui dont la gloire tarderait peu à peser sur le monde. Il portait un habit de général républicain à la mode de l'époque, c'était un frac bleu, large, coupé droit, et puis finissant en queue de poisson; le collet rabattu; les manches, le tour des poches, la baguette, le long des boutons et des pans, étaient chargés d'une très-simple, très-médiocre broderie appliquée par principe d'économie; il y avait là dessous un gilet de piqué blanc dont on ne voyait que le haut, un col de soie noire, un pantalon rouge avec un large galon d'or aussi rapporté; des bottes à retroussis complétaient la parure. Je dois ajouter des cheveux poudrés, plats, s'alongeant de chaque côté, droits et coupés carrément au dessous de l'oreille, mode bizarre que le peuple de Paris désignait en disant qu'elle rappelait des oreilles de chien. Napoléon portait un petit chapeau fort crasseux ou déchiré comme si un coup de sabre l'eût atteint; un autre maigre galon le décorait, moins toutefois qu'un panache de plumes tricolores qui, dans les occasions solennelles, s'alliait à une large ceinture de soie et d'or, marque distinctive du général en chef. Un simple ceinturon de peau soutenait cette bonne épée déjà si redoutable, et dont avant peu la renommée serait sans borne; enfin de forts gants en peau d'Espagne, parfumés et jaunes d'ocre, recouvraient ses mains qu'il avait merveilleusement belles : aussi sa coquetterie consistait à les montrer de temps à autre et à faire étalage de sa propreté excessive. Leur blancheur, leur mignonneté, frappaient les yeux, et par elles le héros devenait un petit-maître.

Si sa simplicité était excessive, outrée même, il ne l'étendait pas sur ses alentours; il voulait au contraire un grand luxe dans ses généraux, ses officiers d'ordonnance, ses aides-de-camp. Leur foule se montrait brillante, dorée, éblouissante; et, dans ce moment où tous restaient rangés derrière lui, ils formaient une muraille radieuse.

Les Vénitiens se présentaient en contraste. Le provéditeur Pesaro, procurateur de Saint-Marc, homme ayant déjà passé par les grandes charges de la république, ensevelissait son front sous la perruque patricienne qui lui était commune avec les deux sénateurs et les douze gentilshommes d'honneur. La coiffure exagérée de Louis XIV et de sa cour avait fait la conquête de l'Europe. La France, depuis quatre-vingts ans peut-être, l'avait abandonnée, et Venise, l'ayant accueillie, s'imagina de lui ouvrir le livre d'Or. En conséquence, si, dans le laisser-aller de la vie journalière, un noble vénitien se dispensait de la porter, il la reprenait dans toute son ampleur, aussitôt que l'État le conviait à une fonction quelconque.

Pesaro portait la robe violette, longue, traînante, aux manches ducales, telles que celles des procurateurs, ornée, de plus, de l'étole et de la ceinture d'or. Les deux sénateurs avaient vêtu la robe rouge, et les gentilshommes d'ambassade, celle noire et ordinaire aux patriciens.

Cette forme de vêtement bizarre rappelait aux Français les ex-conseillers au parlement de Paris; il en résulta une sorte de considération involontaire qui, dans le premier moment, donna presque de l'avantage aux Vénitiens : cela dura peu. Le général en chef, à la suite des complimens de début, invita Pesaro à passer dans son cabinet, ce qu'il fit; les deux sénateurs le suivirent.

— « Signori, leur dit Junot, on ne passe pas. »

Pesaro, ayant entendu la défense intimée aux deux patriciens, s'arrêta et dit :

— « Si ces signori ne peuvent me suivre, ma mission est finie.

— « Je suis seul, répondit Napoléon, et je ne suis pas en mesure de faire assassiner un d'entre vous.

— « Que veut faire entendre *la sua vostra eccellenza*, demanda Pesaro en pâlissant, par ces paroles pénibles pour l'homme d'honneur qui doit les souffrir?

—« Providiteur Pesaro, vos chefs, qui n'ont pas vos vertus, se livrent à des crimes qui, pour vous, seraient incompréhensibles. Il y a parmi votre suite un bravo chargé de me poignarder. »

Aussitôt que cette révélation eut été faite, les aides-de-camp, les simples soldats, les Français, non en activité dans l'armée, et même les Italiens de la Lombardie, poussèrent ensemble un cri d'indignation et de rage; Junot et Lannes se précipitèrent devant leur général. Bourrienne se remit à écrire une nouvelle lettre et on l'entendit ruminer.

— « A la baisse, morbleu ! »

Les traits du procurateur blêmirent plus encore; une morne stupeur s'empara de toute sa personne. Les deux sénateurs ressentirent un contre-coup pareil. Les douze jeunes patriciens, accoutumés à une dissimulation d'enfance, tâchaient de se maintenir dans une indifférence jouée. Il n'en fut pas de même parmi leurs maisons respectives; ici fut vive l'émotion qui s'y laissa voir; tous ces visages s'enflammèrent, s'apâlirent. Qui redouta des Français la vengeance vénitienne ? Qui se flatta d'être choisi en victime, à tel point le fanatisme est capable d'égarer de dignes cœurs.

Le seul Piédro, qui s'était senti découvert à cette accusation du général Bonaparte, se perpétuant dans son impassibilité sans pareille, releva la tête qu'il tenait inclinée, et promena fièrement autour de soi un regard impérieux. Sa contenance contrastait tant avec celle de ses camarades, que ceux-ci, par instinct, ayant reconnu le meurtrier, s'éparpillèrent dans la vaste galerie; si bien que le groupe du provéditeur et de ses deux acolytes, renforcé de celui des douze gentilshommes, fut le seul obstacle qui empêcha les yeux de Napoléon de surprendre, de leur premier regard, l'abominable secret qui éclatait dans toute la personne du fanatique Marni.

— « Général ! s'écria Pesaro indigné, prouvez cette accusation; votre gouvernement peut vouloir la ruine des meilleures familles de la Venétie; mais il fallait la demander par de moins odieuses inculpations.

— « Provéditeur, repartit Napoléon, je vous

le répète : ou vous a trop estimé pour vous souiller en vous confiant une trame aussi odieuse; mais, quant au crime, on me l'a fait connaître, et, quant au meurtrier, lui-même se dévoile à moi. Français, Italiens, Venètes, voilà le satellite de l'infâme tribunal des Trois.»

Pesaro, dans la vivacité de sa défense, ayant changé de place, avait laissé voir Marni toujours de plus en plus sous l'enivrement du coup de foudre qui venait de le frapper. En même temps, plusieurs Français se précipitèrent sur le bravo qui déjà mettait la main sur son stylet. Il l'aurait lancé avec une adresse incomparable qui eût peut-être enlevé la vie à notre héros, si Lannes, plus leste que ses camarades, ne fût tombé sur le Vénitien avec une vélocité dévorante qui ne laissa pas à Marni le pouvoir de développer sa volonté.

L'étreindre dans ses bras de fer élastiques, le renverser sur terre, saisir ses mains, arracher à la poche secrète le stylet de verre signalé par Napoléon lui-même, l'élever au dessus de sa tête, puis l'écraser sous ses pieds, le broyant à coups de talon de botte; tout cela prit beaucoup moins de temps en réalité qu'il ne m'en faut pour le décrire.

La consternation se répandait dans le palais Serbelloni. Les Vénitiens, encore libres, formaient deux groupes, sur lesquels tous les Français portaient les yeux; là, nul ne parlait, à tel point la violence du cas commandait impérieusement le silence.

Piédro, écumant de colère et de honte, trahi sans savoir comment, sans conserver la consolation de la vengeance, se maintenait plus que tous les autres dans une réserve dédaigneuse. Bourrienne, qui venait de passer dans la chambre à coucher du général en chef, où il avait surpris celui-ci avalant un verre d'eau pure, reparut presque soudainement pour demander de la part de Napoléon le provéditeur Pesaro.

— « Moi, dit le noble Vénitien... son excellence ne croit donc pas...?

— « Le général vous mande.

— « Seul ?

— « Non, avec les deux signori sénateurs; il veut en outre que l'assassin, fortement enchaîné, soit retenu ici très-près de sa personne, de manière à pouvoir être traîné devant lui, si une confrontation de lui avec tout autre individu devient nécessaire. »

On exécuta ce double commandement. Pesaro, envisageant dans cette audience prochaine, qu'il n'espérait pas, un moyen de justification que lui réservait la Providence, quand elle semblait s'être reculée de lui, jeta successivement un regard de satisfaction sur Lande et Da Ponte, et, se mettant à leur tête, passa dans l'autre pièce où, cette fois, il était impatiemment attendu.

## XIV.

**L'AMITIÉ FRATERNELLE.**

> La vertu acquiert plus de prix quand elle vient à nous parée des attributs de la beauté.
> *Recueil de maximes.*

Le général en chef de l'armée victorieuse et dominatrice en Italie était debout, adossé contre un vaste bureau en cuivre doré, que Léonard de Vinci avait enrichi de plusieurs frises, camées ou médaillons, peints en miniature, avec son grand goût de sublime peinture.

Les trois Vénitiens se portèrent devant lui en demi-cercle ; ils s'inclinèrent profondément, tandis que lui, prenant la parole avec ce haut ton de supériorité qui ne le quitta dans aucune circonstance, jouait négligemment avec la dragonne de son sabre.

— « Hé bien, Signori, que vous semble de ce qui se passe ? Où sommes-nous ? Quelles scènes se renouvellent ? Quoi! vous m'apportez la paix, et on me réserve la guerre à la suite. Vous me présentez une main amie, et, derrière vous, on se dispose à me lancer un coup de stylet. Quels sont vos maîtres, sénateurs? de qui dépendez-vous? Où retrouverai-je la vieille Venétie ? »

Il s'arrêta. Pésaro reprenant soudain :

— « Général, au nom du Ciel, ne flétrissez ni le doge, ni son conseil, ni les Dix, ni les Trois, de cet abominable forfait; un fanatique subalterne, un bravo, c'est-à-dire l'écume du Rialto, aura sans doute inventé, combiné, développé cet infâme plan. Sommes-nous tombés assez bas dans votre estime, pour que vous nous soupçonniez de ne pas savoir vous combattre avec de plus nobles armes?

— « C'est qu'en réalité, reprit l'impassible général, vous êtes descendus si au dessous de votre ancienne gloire! dès lors l'assassinat me semble un des moyens dont votre gouvernement est dans la dure nécessité de se servir.

— « Ah! général, écrasez-nous et ne nous avilissez pas.

— « Ne vous prenez de la sévérité de mes phrases qu'à la fatale diplomatie qui fait votre règle ordinaire. J'ai accusé les Trois d'être les auteurs de mon assassinat; je ne le fais qu'avec connaissance de cause. Voici une lettre que j'ai reçue, arrivant de Venise une demi-heure avant que vous eussiez paru devant moi. »

Il éleva la voix.

« Citoyen Fauvelet de Bourrienne, lisez

intelligiblement la dépêche que je viens de vous confier.

Son troisième secrétaire aussitôt :

« Général, prends garde à toi. Hier les
« Trois s'assemblèrent : on y décida ta mort
« en vengeance de l'éclat que ton aide-de-
« camp Junot a fait dans le sénat. Un bravo,
« véritable enfant de la Venétie, a vendu ton
« avenir au prix de quatre mille sequins;
« d'une maison, sise quai des Esclavons; d'une
« felouque génoise richement chargée, et de
« la protection spéciale de la seigneurie. Tu
« trouveras sur lui peu d'argent; il l'a placé,
« parce qu'il est bon frère; il y a le contrat
« de la maison et celui de la felouque... Ce mi-
« sérable a reçu une lettre de recommanda-
« tion pour le majordome du procurateur
« Pesaro; celui-ci l'amènera à sa suite, sans
« se douter de la turpitude à laquelle d'odieux
« inquisiteurs le font participer. Ses deux
« collègues, les sénateurs qui l'accompagnent,
« sont innocens comme lui... Soumets cet

« homme à une torture poignante, il parlera...
« mais épargne sa vie : on ne te sauve qu'à
« cette condition. »

Le secrétaire ne lut pas plus loin, soit que
là fût la fin complète de la missive, soit que le
reste traitât d'autres intérêts.

— « Qu'on amène ce scélérat, » dit Bonaparte à Bourrienne.

Celui-ci sonna : un domestique parut. L'ordre lui fut transmis par la voix d'un aide-decamp ; et bientôt, au milieu de quatre grenadiers, parut Piédro Marni.

Peu de momens avaient suffi pour décomposer en cet être sa physionomie primitive ;
des taches violâtres et tirant sur le blanc couvraient ses joues ; son front, jadis ouvert
et joyeux, était plissé par l'effroi ; de larges
raies noires et jaunes creusaient ses yeux,
comme si elles eussent été le résultat d'un violent combat à coups de poings ; ses lèvres, naguère roses, se montraient ternes et flétries ;
un feu sombre jaillissait de ses yeux, tous ses

membres tressaillaient, et, par la suite de ce mouvement nerveux, le claquement de ses dents devenait insupportable : on pouvait croire qu'anéanti sous le poids de sa position, il avait cessé de penser, à tel point il y avait de l'indifférence animale dans ses mouvemens. Cependant Piédro n'était ni faible ni lâche; il cédait à ce charme, à cette magie dont ne se retire pas qui a osé tenter de frapper un grand homme. L'exaltation soutient l'ame, et, lorsqu'elle manque, lui aussi, ne s'appuyant sur rien, tombe dans le vide qui l'environne, et là y prend sa fin.

Napoléon l'ayant fait placer en face de lui, le contempla d'abord avec ce regard d'aigle si terrifiant et qui enlève à l'ame tout le peu d'énergie qu'elle possède, pour n'y laisser que le découragement et l'atonie. Ce supplice moral fut d'autant plus prolongé, que Napoléon, entraîné par d'autres idées, s'oublia dans cette contemplation; enfin, revenant à lui :

— « Quel est ton nom? demanda-t-il.

— « Piédro Marni.

— « Ton pays?
— « La sainte, la belle Venise.
— « Tu l'aimes?
— « Assez pour lui avoir donné mon honneur et ma vie.
— « Dis pour la déshonorer. Mais qui t'a inspiré ce crime?
— « Mon désir de sauver Saint-Marc.
— « Non, mais le vil appât d'une somme d'argent, une maison, une felouque; je sais tout... Qu'on le fouille.
— « C'est fait général, dit Junot, et ceux qui ont pris ce soin ont trouvé ces papiers. »

Il les remit à Bonaparte qui, les passant à Pesaro, lui dit :

— « Provéditeur, étais-je bien informé? »

Pesaro ne répondit point.

— « Hé bien ! Piédro, reprit Bonaparte, nieras-tu encore ta complicité avec les inquisiteurs d'État?

— « Jusqu'à la mort.

— « Ce ne sera pas pour long-temps. Qu'on emmène cet homme.

— « Le livrera-t-on à la justice militaire? demanda le colonel Lannes.

— « Pas encore; qu'on lui procure un confesseur, qu'on lui donne à manger; et, quant au reste, on reviendra prendre mes ordres. Ce n'est pas lui seul qu'il faut punir.

— « Vive Saint-Marc! s'écria Piédro que l'on emmenait et qui croyait marcher au supplice. Napoléon, voyant la physionomie irritée des autres Français, qui semblaient demander le supplice de ce fanatique, leva les épaules et réitéra l'injonction de ne pas disposer de ses jours, avant que lui-même en eût donné la fin. Un signe écarta ses aides-de-camp; il resta seul et sans crainte avec les trois patriciens.

— « Signor, dit-il, s'adressant toujours à Pesaro, que se passe-t-il donc de si étrange de vous à moi? on me prétend chef d'une armée d'incendiaires, de brigands, et je fais respecter les propriétés, et je protége les personnes. Vous, qui défendez les droits féodaux, prêchez le meurtre, faites égorger les Français et soudoyez des assassins pour me faire périr moi-même; ceci peut-il durer? Non sans doute. Venise est en état de guerre, et en état de guerre contre moi; Venise est l'amie de l'empereur, Venise conserve encore à Vérone... Messieurs, que huit jours s'écoulent et je brûlerai une ville assez audacieuse pour se croire la capitale de la France. Je vous ai écrit pour vous éclairer: on me répond par un bravo. Mais que m'apportez-vous, provéditeur Pesaro ?

— « Mais général, cette neutralité...

— « Qui n'existe pas... dont je ne veux pas. Je vous le dis une dernière fois, soyez pour ou contre moi; optez, mais tenez-vous-y.

— « La sérénissime république espère que sa sœur ne la violentera pas.

— « Je marcherai sur Venise, je jetterai au fond des lagunes le livre d'Or; j'élèverai plus haut que le doge le dernier de la citadinance; voilà ce que votre sœur vous réserve, puisque vous vous refusez à un pacte raisonnable.

— « Nous voulons la paix avec tous.

— « C'est avec tous que vous aurez la guerre; si la France ne peut vous garder, elle vous vendra, et plutôt vous donnera, que de vous souffrir en corps de nation après votre déloyauté envers elle.

— « Général... dit Pesaro vivement ému.

— « En vérité, provéditeur, vous parlez comme si tout-à-l'heure le véritable délégué de la république, n'était pas venu me signifier ses intentions; il n'y a pas de milieu : ou Venise, liée avec nous, ouvrira le gouvernement à sa bourgeoisie et à tous les propriétaires de terre-ferme, m'enverra prisonniers les trois inquisiteurs d'État, ou je renverserai de fond en comble cette république arrogante, qui ne se défendit contre Attila, contre les empereurs grecs, contre Charlemagne, l'empereur Maximilien, Louis XII, le pape Jules II, que pour tomber plus aisément à l'ordre du simple général Bonaparte. »

Pesaro, écoutant avec indignation et terreur

ces paroles hautaines, allait y répondre lorsque Napoléon élevant la main :

— « Provéditeur, silence! je dois avoir le dernier mot.

— « Général, un seul, rien qu'un seul... Vous n'avez pas encore franchi les lagunes, et la question ne se jugera qu'en delà de cette terre ferme, à laquelle vous croyez notre sort lié.

— « Les Français ont des ailes, et si la mer refuse de les transporter sur la place de Saint-Marc, des aérostats les y conduiront. Un seul suffira, il n'aura qu'à déployer le drapeau tricolore, et toute votre jactance s'évanouira. Je veux bien vous accorder un délai, repartez sur-le-champ; allez porter mon ultimatum à votre doge, à votre grand conseil; qu'une détermination soit prise, et quelle qu'elle soit, le sort de Venise sera fixé. Messieurs les sénateurs, votre lâche jalousie a détruit la patrie; vous avez eu peur des grands hommes; vous avez tout fait pour ne pas en avoir. Hé bien! apprenez que les États se perdent par les hommes faibles, et que les génies sont les seuls qui savent les soutenir. Vous avez rempli le monde de votre gloire militaire; vous étiez alors honorés et craints; aujourd'hui qu'on vous sait incapables de vous battre, on vous baffoue, on vous méprise. Adieu. »

Ce fut avec ces vérités dures et cruelles que le général Bonaparte les congédia. Lorsque les trois patriciens se trouvèrent seuls, ils s'entre-demandèrent ce qu'ils devaient faire dans la circonstance.

— « Nous taire, dit le sénateur Da Ponte, accuser les Français d'un tour de passe-passe; certes les inquisiteurs ne nous démentiront pas.

— « Convenez pourtant, répondit le signor Lando, que ces seigneurs les *Trois* nous ont bien mal à propos compromis. Ne convenait-il pas mieux qu'ils nous eussent fait part de leur ruse de guerre, nous eussions peut-être sauvé la vie à ce pauvre diable... Mais qui l'a trahi? Quoi! le tribunal des Trois n'est plus assuré du secret de ses délibérations; ceci annonce réellement un siècle de décadence.

— « Signori, dit alors Pesaro, vous oubliez que je dois au sérénissime prince, au collége et au conseil des Dix, un rapport exact de mon ambassade. Je ne peux leur laisser ignorer le fatal incident de Piédro Marni, pas plus que la demande expresse des trois inquisiteurs d'État, comme victimes expiatiores.

— « Ce sera une étrange séance que celle où l'on entendra de pareils aveux. Prenez-y garde, provéditeur, les Trois peuvent à l'avance vous empêcher de jeter ainsi leur nom en proie à la vengeance populaire.

— « Et, en ne le faisant pas, nous exposons le destin de Venise elle-même.

— « Mes amis, dit le sénateur Da Ponte après un long repos, il est douloureux, pour nos cœurs vénitiens, de voir se réaliser cette prophétie populaire, dont nos nourrices nous bercèrent dans notre enfance.

— « Qui l'ignore ? qui ne l'a pas entendue en ses méchantes rimes ?

Quand saint Marc de sa grotte partira...

Je tremble qu'il ne hâte son voyage, et certes ce sera de concert avec nos *quattro bei cavalli* ; car les Français ne négligeront pas....

— « Tout pourrait s'accommoder, dit Pesaro.

— « Oui eccellenza, en cédant à la citadinance ; j'aime mieux périr avec celle-ci que de souffrir que celle-ci remporte sur nous la victoire.»

Dans ce moment, et comme l'ambassade attendait des passeports pour se remettre en route, un cameriere de Pesaro vient le prier d'accorder une audience à une jeune Vénitienne.

— « De Venise, dit Pesaro, des lagunes, du Lido, soit, même de Chioya, de Malamoco;

enfin de Mestre ; mais, si elle vient de terre ferme, nous ne devons pas nous en mêler.

— « C'est de la reine brillante de l'Adriatique.

—« Hé bien ! qu'elle vienne. Je gage, Signori, que nous allons voir une folle créature dont le cœur, sans patriotisme, se sera laissé tromper par quelque brillant sous-officier français. »

Anella Marni entra, et d'autant plus belle, plus séduisante, qu'un violent désespoir l'égarait. Dès qu'elle eut reconnu le costume vénitien, devinant la suprématie de Pesaro à la couleur de sa robe, elle se mit à genoux, et, d'une voix déchirante :

— « Eccellenza ! s'écria-t-elle, est-ce vous qui avez conduit mon frère à la mort ?

— « Je ne suis coupable de ce crime ni devant Dieu ni devant les hommes, répondit Pesaro ; et, si vous êtes, comme j'ai lieu de le croire, la sœur de l'insensé qui, me compromettant, s'est mis à ma suite afin de se faciliter ce forfait odieux, vous rendrez témoignage que je ne le connaissais pas lorsqu'il est entré à mon service.

— « Est-ce donc la coutume aux patriciens de Venise d'abandonner ceux qu'ils ont mis en jeu?

— « Sais-tu ce que tu dis, jeune fille, repartit le sénateur Lando qui, dans la sévérité de l'étiquette vénitienne, tutoyait les cittadine.

— « La seigneurie est-elle responsable des mauvaises idées d'un de ses sujets, ajouta le patricien da Ponte? jamais elle n'a demandé au poignard d'un bravo un acte qu'elle ne pouvait vouloir que de la justice.

— « Le conseil des Trois pourtant ne démentira pas ses actes, répliqua Nella avec plus de véhémence que précédemment; un de ses membres est venu trouver mon frère, et, à deux fois, il a marchandé avec lui ce coup de poignard que maintenant on nie. Je sais tout, je ne cacherai rien. »

Pesaro, lui prenant la main avec affection :

— « Pauvre créature, dit-il, la politique a

des mystères que tu ne peux comprendre; tu es Vénitienne, n'est-ce pas?

— « J'en ai pendant vingt ans tiré ma gloire.

— « Hé bien, si tu accuses ton gouvernement d'avoir mis ton frère en jeu, tu perds Saint-Marc, et Venise deviendra une province autrichienne.

— « Et, si je me tais, mon frère mourra sans vengeance et chargé d'accusation.

— « Ta mère ne t'a-t-elle pas toujours dit: *Siamo Veniziani e poi cristiani* (nous sommes Vénitiens et puis catholiques).

— « Chaque matin, avant de commencer ma prière, j'avais à faire cette profession de foi, et jamais je n'y ai manqué.

— « Hé bien, puisque, fille de Saint-Marc, tu es à Venise, avant même que d'être à Dieu, je te commande, au nom de tes deux mères, de nos lois, du lion ailé et des ossemens du grand martyr, d'ensevelir dans le secret ce que tu peux savoir.

— « Et je laisserai mourir mon frère!

— « Pour sauver tous tes autres parens, tes concitoyens. »

Sur ces entrefaites, un sous-officier français se présenta.

— « Le général Bonaparte, dit-il, consent à recevoir la jeune fille qui lui demande audience. »

Les trois patriciens frémirent, consternés. Pesaro, d'une voix fortement accentuée, s'adressant à Nella qui sortait :

— « *Zitella*, cria-t-il, *siamo Veniziani e poi cristiani.* »

La sœur de Marni baissa la tête, ne répondit pas, et le geste dont elle se servit put être diversement interprété ; aussi le chef de l'ambassade soupira :

— « Eccellenzi, nous sommes perdus. »

Et, précipitamment, ils s'agenouillèrent afin d'obtenir de Dieu le pardon pour leur chère patrie. Le fanatisme religieux provenait en leur cœur de l'exaltation politique.

— « Par la morbleu, la divine créature ! ne put s'empêcher de dire Junot à la vue d'Anella parcourant d'un pas lent la galerie où s'était passée naguère la scène principale, et qui précédait le cabinet du général; celui-ci se tournant vers son aide-de-camp :

— « Vingt-quatre heures d'arrêts, fou, et sur-le-champ. »

Junot se mord les lèvres, et n'a garde de répliquer ; il salue profondément son chef suprême, et se retire.

— « Qu'elle est belle ! dit tout bas le général au colonel Lannes.

— « Je me charge de traiter de ses bonnes graces pour mille sequins, dit un troisième personnage.

— « Tu en retiendrais huit cents pour toi, tu lui en remettrais cent, et tu lui emprunterais le reste. »

La mine diabolique que fit ce dernier interlocuteur, lorsqu'il fut flagellé de cette sanglante plaisanterie, montra combien elle avait frappé juste et fort : peut-être son imprudence l'eût poussé à une réplique arrogante; mais l'arrivée d'Anella lui coupa la parole.

— « Qui es-tu, jeune fille? dit Napoléon.

— « Vénitienne, et malheureuse.

— « Que pleures-tu?

— « Mon frère... ton assassin...

— « Oh! tu es la sœur de ce drôle...

— « D'un homme d'honneur, ferme à tenir ses promesses, et qui, pour se rendre digne de la confiance de ses commettans, n'a pas craint de braver la mort. »

Napoléon, se retournant vers son aide-de-camp et son secrétaire :

— « N'est-ce pas là le cas d'appliquer le mot de Molière : *Où diable la vertu va-t-elle se nicher* [1]. Tu crois donc que l'on peut loyalement tuer un homme, jeune fille?

---

(1) Molière se promenait avec Chapelle. Un pauvre passa, et demanda l'aumône. Molière, sans faire attention, lui donne un louis pour un sol. L'indigent reconnaît la méprise, court après notre grand génie, et veut lui rendre la pièce d'or. — Garde-la, lui fut-il répondu, Dieu te la destinait.

Et puis, se tournant vers son ami : — Où diable la vertu va-t-elle se nicher? ajouta-t-il.

Pourquoi cette exclamation? Le pauvre ne peut-il être

— « Quand c'est le métier de l'individu, un soldat, un bourreau, un bravo à Venise, un brigand en Calabre, un pirate grec sur mer. »

Lannes fit la grimace, et Bonaparte se détourna pour cacher son envie de rire. Il dit en français au chevalier sans reproche :

— « Pauvre ami, nous sommes, toi et moi, mis en bonne compagnie... Ainsi donc tu me tuerais en cas de besoin, Judith vénitienne ?

— « Non, car je ne suis qu'une pauvre brodeuse.

— « Que me veux-tu ?

— « Le pardon de mon frère.

— « D'un assassin ?

— « D'un bravo; c'est son métier, et nul, je le répète, ne dira que Piédro Marni n'a pas agi honorablement.

— « Il a vendu ma vie à mes ennemis.

— « C'est son métier.

honnête homme ? il serait trop à plaindre si nécessairement il fallait qu'il fût fripon. Il n'en est pas de la pauvreté comme des loups cerviers.

— « Et si je lui accordais la sienne, il recommencerait demain.

— « Général, dit la jeune fille avec impatience, faites-le mourir et ne l'insultez pas.

— « Comment?

— « En supposant que si vous lui pardonniez, il s'en montrât ingrat.

— « Je voudrais, ma belle enfant, vous accorder sa grace, je ne le peux; il faut un exemple. Malheur à lui!

— « Général, je n'ai ni père ni mère, je n'ai que mon frère; vous me laisserez triste, orpheline, sans protection.

— « Bah! si belle, manqueriez-vous d'amans ou d'époux!

— « On peut avoir toujours des maris et des galans, nul ne peut me rendre un frère.

— « Son crime est public.

— « Général, la clémence ne sera pas ignorée.

— « Signora, qu'il se recommande à Dieu!»

A ce propos qui annonçait une fatale détermination, les yeux d'Anella se fermèrent, ses joues pâlirent, elle tomba évanouie sur le plancher. Le colonel Lannes, Bourrienne, s'élancèrent pour la secourir; ils la relevèrent, la portèrent sur le fauteuil du général qui les aida avec une vivacité compatissante. Un papier était sorti de dessous le corset de la gente Vénitienne, Bonaparte l'ayant aperçu à terre, le ramassa.

— « Oh! oh! dit-il, une lettre à mon adresse..... cette belle créature craignait de ne pas m'aborder.... Que me disait-elle. »

Il brisa le cachet, vit l'écriture, et alors :

— « Qu'est-ce qui m'écrit?.... » Il lut ces mots :

« Général, j'expose ma vie dans l'intérêt de
« la France; est-ce trop attendre de vous que
« le don, en retour, de l'existence de l'insensé
« qui va vers vous pour vous tuer? C'est moi
« qui vous ai signalé son complot; à ce titre
« encore cet homme est à moi; enfin j'aime
« sa sœur : épousera-t-elle le meurtrier de son
« frère!... »

La signature d'un nom bien connu du général Bonaparte imprima à cette mission un cachet d'importance, qui ne permettait plus à la justice française de poursuivre son cours.

Napoléon voyant qu'Anella reprenait connaissance, sortit de son cabinet après avoir parlé bas au colonel Lannes; dès qu'il fut parti :

— « Morbleu! dit le secrétaire, la gente colombe! comme il serait doux de lui faire acheter sa grace!

— « Je t'entends, mon cher, repartit Lannes; mais celui qui se procurerait ce passe-temps le paierait, en retour, de toute l'indignation de notre bourgeois.

— « Tu veux rire, colonel.

— « Je te dis vrai.

— « Oh! cet homme est insatiable, il lui faut tout pour lui : les victoires et la fortune, la renommée et les jolies filles.

— « Jusqu'à présent raye de ceci la fortune, il n'est encore riche que de sa réputation.

— « Ah! s'il m'avait cru, que de millions nous aurions en caisse!

— « C'est vrai; mais aussi quelle masse de mépris et de souillure.

— « Bah! qu'importe!

Quiconque est riche est tout. Sans sagesse il est sage;
Il a, sans rien savoir, la science en partage;
Il a l'esprit, l'honneur, le mérite, le sang,
La vertu, la valeur, la dignité, le rang.

— « Oui, mais au lieu de se nommer Napoléon Bonaparte, il s'appelle Fauvelet de Bourrienne. »

Pendant ce colloque, Anella avait repris sa force; ses yeux cherchèrent le général. Ne le voyant pas, elle craignit que l'on n'eût exécuté son frère; et tout à coup se rappelant qu'elle n'avait pas remis la lettre qui devait exercer de l'influence sur la volonté de Bonaparte, elle la chercha avec empressement... Perdue... oui, perdue... Quoi! perdue... Ici partit un cri si aigu, si déchirant, que le colonel Lannes, touché de pitié, se hâta de pénétrer dans la chambre du général où il l'instruisit du désespoir de la belle Vénitienne.

Dès qu'il se fut retiré, le troisième secrétaire, très-accoutumé au rôle de feu monsieur Tartuffe, quittant son fauteuil, papelardement s'avança vers la pauvre fille, et lui dit :

— « Mademoiselle, rassurez-vous, le général Bonaparte vous veut du bien.

— « Lui! et il va faire périr mon frère!

— « Non, certainement, et je présume qu'il dépendra de vous de le libérer en entier des fers qu'il porte, car notre héros s'accommodera du titre charmant de votre esclave.

— « Que me dites-vous, Français? répondit Anella encore tellement agitée, que sa vive intelligence était paresseuse à comprendre ce que dans toute autre circonstance elle eût enlevé au premier mot.

— « Demandez à le voir, reprit le secrétaire en souriant, insistez même, vous verrez quelle sera sa joie. Si Mademoiselle voulait m'honorer de sa confiance, je me chargerais de placer ses fonds, attendu la position brillante dans laquelle Bonaparte vous appellera. »

Pour cette fois, Anella, instruite, tant par la cynique expression des yeux du Français que par l'intention imprimée dans son propos, devina le piége qui lui était tendu, et, relevant sa tête, répondit :

— « Je ne sais ce que les sœurs en France font pour les frères ; mais, à Venise, les frères ne voudraient pas de la vie, si, pour la racheter, il fallait la honte de leur sœur. »

## XV.

### L'ÉVASION.

> La superstition est un des moyens de gouvernement que les faibles emploient plus que les forts : ce n'est pas le moins adroit.
> *Recueil de Maximes.*

Le secrétaire, humilié de la réponse héroïque de la jeune fille, et n'ayant pas dans l'ame assez de noblesse pour reconnaître son tort, conçut le dessein d'en prendre une lâche vengeance, et alors, tirant sa montre froidement, se mit à dire, comme s'il eût été seul :

— « Ordinairement les exécutions militaires se font vers les quatre heures du soir; il en est deux, l'espace de temps d'ici là est court. »

Un cri étouffé par l'effroi, un gémissement sourd, un sanglot prolongé qu'il entendit derrière lui, le convainquirent qu'il avait frappé juste.

— « Monsieur, lui dit Nella tout en dévorant ses pleurs, je vous conjure de demander au général ce qu'on ne refuse pas au plus vil bandit, la permission de voir mon frère. »

Le secrétaire allait répondre négativement, lorsque Lannes reparut. A sa vue, Anella cessant de s'adresser au cœur de bronze hors d'état de la comprendre, recommença sa prière.

— « Suivez-moi, Signora, répliqua le nouveau venu. »

Elle, persuadée que la grace désirée était obtenue, lança pour adieu un regard de mépris sur le troisième secrétaire, et sortit avec cette vivacité qui la caractérisa toujours. Lannes, sans parler, cheminait en avant; il arriva non à la porte d'un cachot, mais à celle d'une chambre somptueuse, où le génie italien s'était lié au goût français pour en obtenir des prodiges d'élégance magnifique. Des colonnes de marbre précieux, aux chapiteaux de bronze doré, se détachaient de dessus une muraille chargée de charmantes arabesques aux couleurs variées; c'étaient les fleurs, les oiseaux et les papillons d'Amérique, qui en formaient les corbeilles, les guirlandes, les festons, les caprices divers; la voûte, peinte à fresques, représentait l'intérieur d'une coupole magique d'effet.

Puis les meubles d'acajou et de bronze, couverts de riches étoffes d'hiver, soie et or, les pendules de Galle, les candélabres de bronze doré; les vases de porphyre, de prime, d'améthiste, les coraux, les cristaux' les tapis, tout annonçait ce luxe prodigieux auquel les rois atteignent à peine, et dont certes on n'aurait pas paré la triste et fatale demeure d'un bravo surpris en flagrant délit et condamné à mort.

Anella, sans réfléchir, avait suivi dans le temple de la volupté son noble guide; mais, dès qu'elle y eut fait quelques pas, la raison lui prouva qu'on ne la dirigeait pas où l'on trouverait son frère; voulant faire relever cette erreur, se rappelant d'ailleurs le sinistre avertissement donné par le troisième secrétaire, elle s'arrêta et dit au colonel :

— « Signor, où allons-nous? »

— « A deux pas d'ici, ma mignonne, où le porte-clés nous attend. »

Anella, incertaine, le laissa continuer son chemin, et, se voyant en face d'un portrait en pied du général Bonaparte, que le peintre Appiani venait de terminer avec toute la supériorité de son divin talent :

— « Grand homme, dit-elle, seras-tu assez malheureux pour avoir des ennemis qui te rabaissent, et cela, jusque dans l'opinion d'une jeune fille. »

L'enthousiasme qu'elle mit à prononcer ces

mots fit soudainement rougir la belle figure du colonel.

— « De par Turenne! s'écria celui-ci, tu auras menti, Vénitienne, du moins en ce qui me concerne. Non, ce ne sera pas aux dépens de mon honneur que je procurerai des distractions à Bonaparte. Tu veux voir ton frère?

— « Oui, Signor, je vous conjure de m'accorder cette dernière faveur. Voyez, poursuivit-elle en lui montrant une pendule qui marquait les heures à l'italienne[1], nous touchons presque au moment de son exécution.

— « Lui, mourir aujourd'hui, repartit le colonel; qui vous a débité cet horrible mensonge?

— « Votre compagnon de tantôt.

— « Je ne m'étonne pas si le diable le visite aussi souvent qu'il le fait; car il est bien

---

[1] On divise, en Italie, la journée en vingt-quatre heures, et elles changent de valeur à mesure que les jours alongent ou diminuent. C'est un usage très-incommode pour le *forestiere* (l'étranger).

digne de posséder son amitié. Rassurez-vous, belle enfant, on n'exécute pas chez nous à moins d'un cas flagrant; votre frère s'y est exposé. Mais, puisque Napoléon n'a pas ordonné subito son supplice, il y a des formalités maintenant à remplir. »

Ceci, quoique ce fût peu de chose, ranima la jeune fille qui, le péril éloigné, retomba dans sa timidité naturelle; aussi, avec moins de véhémence, elle insista pour obtenir la faveur qu'elle réclamait.

— « Vous tenez donc beaucoup à consoler ce pauvre diable? il va vous faire pleurer.

— « Le temps de verser des pleurs nous manquera.

— « A quoi t'amuses-tu, Lannes? dit d'une voix mécontente le général en chef qui entr'ouvrit la porte d'un boudoir voisin.

— « M'amuser, général; le divertissement est mince. J'aime mieux te servir sur le champ de bataille qu'à la manière de ton secrétaire. Cette donzelle, d'ailleurs, vaut mieux que nous tous ensemble; car elle est capable de préférer la mort au plaisir de te faire passer le temps. Je voudrais que tu eusses entendu ce qu'elle vient d'adresser à ta portraiture.

— « Et ce que je dirai au grand Napoleone lui-même, ajouta Anella en se précipitant aux genoux du général, au nom de sa femme, de sa vénérable mère, de ses sœurs, dont sans doute il ne voudrait pas le déshonneur.

— Sotte, niaise, repartit l'interpellé en riant, avais-tu besoin d'introduire ici madame Lœtitia. Oh! maintenant qu'elle t'a placée sous sa sauve-garde, tu pourrais, en vivandière, parcourir toute l'armée, que nul n'oserait te dire plus haut que ton nom. Que veux-tu? voir ton frère? soit.

— « Et sa grace, grand homme?

— « C'est beaucoup.

— « Dieu n'est grand que parce qu'il pardonne.

— « Tu vas m'intéresser à faire comme Dieu... Qu'en pense le colonel?

— « Moi, général, j'ai toujours regardé,

sauvé de mon sabre, celui que je n'ai pas couché provisoirement sur le champ de bataille.

— « Je ne peux donc faire mieux que mon aide-de-camp. Allons, va voir ton frère, ramène-le-moi, et, s'il consent à être sage... on s'entendra avec toi sur ce point... N'appelle pas madame Lœtitia, zitella Vénitienne, je te jure qu'il ne t'en coûtera que deux baisers, un pour ce compère qui n'en donnerait pas sa part, et un autre pour moi, que séduit le coloris des joues par delà vos lagunes. »

Anella, avec une vivacité charmante, s'approchant de Bonaparte, s'inclina devant lui en posant ses mains dans la sienne; lui, en même temps, appliqua un long baiser sur son front, et, ayant enlevé de dessus une cheminée voisine une riche chaîne d'or de travail vénitien, la passa au cou de la belle et confiante fille, en lui disant :

— « Accepte ceci, c'est du fruit de ton pays, de ce pays d'où viennent les stylets de verre, et...

— « Et les cœurs aussi, général, qui dorénavant se placeraient entre le tien et un autre poignard. O mon Dieu, tu es mon second frère. *È viva Napoleone il grande!*

— « Oui, vraiment, vive le grand Napoléon! dit Lannes enchanté du dénoûment gracieux de cette scène pénible; mais, mademoiselle Anella, un proverbe dans mon pays dit des bonnes choses, qu'on n'en donne pas sa part aux chiens : un baiser m'est dû. »

Anella, la physionomie riante, les bras ouverts, courut à lui; et, tandis que le colonel baisait ses joues si fraîches, elle posait naïvement ses lèvres vermeilles sur les yeux étincelans du Tancrède français.

— « Maintenant, à mon frère, dit Anella. Adieu, général; il y aura des cœurs qui vous chériront à Venise. »

Un signe de la main, un mouvement de la tête, un sourire bienveillant, formulèrent la triple réponse de Bonaparte. Le colonel, donnant en pleine galanterie son bras à la jeune fille, la mena hors de l'appartement.

Le général en chef ayant voulu, dès le principe, disposer de son prisonnier, l'avait retenu dans le palais Serbelloni, afin que la justice civile du pays et de France, et celle prévôtale de l'armée, ne s'en emparassent point; ce qui plus tard eût compliqué les difficultés. Il lui fit donc ouvrir une salle basse, dont les fenêtres étaient grillées avec d'énormes barres de fer. Plusieurs portes, effrayantes par leur épaisseur, inspirèrent à la zitella Vénitienne, une mélancolie que ne diminua pas le chant bizarre auquel, dans ce moment, Piédro prêtait une sauvage harmonie, par la manière dont il le psalmodiait. Cet effet extraordinaire influa pareil sur le colonel français qui, de sa forte main, suspendant la marche précipitée d'Anella, voulut ouïr, jusque dans son dernier couplet, cette étrange chanson :

## LE POIGNARD.

#### ROMANCE.

Rions, chantons, passons la vie
Dans les jeux et dans les festins;

Au doux plaisir tout nous convie,
La gaîté nargue les destins.
Accourez, menades jolies,
Venez, vous règnerez ici.
J'aime l'amour et vos folies ;
Mais un poignard me plaît aussi.

Tête à tête, sous un ombrage,
J'aime à fouler le vert gazon ;
J'ai du plaisir à voir l'orage
Gronder au bout de l'horizon.
J'aime de joyeux camarades
Au front exempt de tout souci.
J'aime de nocturnes aubades ;
Mais un poignard me plaît aussi.

J'aime l'aurore éblouissante
Assise sur un char de fleurs ;
J'aime de la rose naissante
Le parfum, les fraîches couleurs.
J'aime le bon vin, qui réveille
La vigueur du vieillard transi ;
J'aime le miel pur de l'abeille ;
Mais un poignard me plaît aussi.

J'aime à guider l'esquif fragile
Sur un lac, vers un bord riant ;
J'aime à presser l'élan agile
D'un beau coursier de l'Orient.
Des lâches enfin, vil modèle,
En rougissant, je dis ici

Que j'aime une amante infidèle;
Mais un poignard me plaît aussi.

A demi-voix, tapi dans l'ombre,
Un jeune Grec chantait ces vers;
Lorsque, sur un bocage sombre,
Ses yeux ardens restaient ouverts...
Soudain il blasphême, il s'élance...
Cri de mort répond à son cri;
Et puis, quand il fuit en silence,
Il n'a plus son poignard chéri.

Cette romance était familière à la Vénitienne; Piédro l'affectionnait particulièrement. Il avait l'habitude de la chanter au moment où il allait tenter une nouvelle entreprise; elle présuma que son frère, se croyant près de sa dernière heure, en faisait comme un testament de mort. Le colonel Lannes trouva piquant ce rapport entre un bravo et cette romance du poignard; aussi voulut-il attendre que le prisonnier en eût débité tous les couplets; elle était, d'ailleurs, chantée avec un goût infini, une expression parfaite et qui touchait l'ame.

Lorsque les derniers sons se furent perdus dans les airs :

— « Parbleu! s'écria le militaire français, j'aurais eu du plaisir à le sauver, par cela seul que j'en avais eu à l'entendre..... Allons, que la cage soit ouverte. »

Il appela Valmy.

— « Valmy! arrive donc.

— « Là... là... tout à la douce, mon colonel, à la douce; on dirait, à votre impatience, que vous entendez ronfler le premier coup de canon de cette bataille surprenante où nul ne fut tué, où l'on ne fit que dépenser de la poudre... Oh! Valmy, la grande affaire!.... vive Valmy!...

— « C'est, dit le colonel à Anella, le gardien de votre frère; ce pauvre diable n'a vu que la bataille de Valmy, ou plutôt la canonnade qui a usurpé ce nom; depuis lors sa faible intelligence, se parant de sa caducité, n'a plus parlé que de Valmy; et, nuit et jour, il nous fatigue en nous jetant aux yeux sa victoire chérie. Il ne cesse de boire, et, réellement, je crains qu'il ne me reconnaisse pas ; et, en conséquence, se refuse à me remettre le prisonnier... Valmy, mon brave, mon doyen de chasseurs...

— « Là... là... on y va... J'achève ma dernière bouteille, puis je ne vous demande que le loisir de dormir pendant une heure et puis je suis à vous.

— « Une heure! dit Anella peinée.

— « Le fol ivrogne en serait capable; employons les grands moyens... Valmy, c'est de la part du général Bonaparte.

— « Oh! me voilà, s'il avait commandé à notre belle bataille... Oh! la magnifique canonnade... pon pom... pata pata pom... pon pon... pom pom... pata pon... pata pon... »

Enfin la première porte s'ouvrit. Le héros de Valmy, dans toute la tenue sévère du costume, apparut ; il porta soudainement la main qui tenait les clés de la prison à son bonnet de police rouge ; il le fit si malencontreusement, qu'il se donna sur les dents et le nez un rude coup de clés.

— « Mille millions de Valmy! nom d'un tonnerre! je souffrirai que ces coquins de Prussiens.... Les voilà! ils sont au moulin..... Passons derrière... Pon... pata pon... para pata pon... pata pon...

— « Le malheureux est ivre-mort, dit Lannes, je gage qu'il va tomber tout endormi. »

Comme le colonel prophétisait, Anella, par bonté d'ame, essayait de soutenir l'invalide : ce ne fut pas sans besoin, car, peu après, il chancela, trébucha, et les quatre mains se réunirent pour coucher sur le pavé de marbre, à carreaux blancs et noirs, le vainqueur des Prussiens et de l'Autriche, incapable d'ailleurs de défendre les clés confiées à ses soins; Lannes les prit de sa main, entra dans l'intérieur de la prison, ancienne orangerie; il appela, nulle voix ne lui répondit.

— « Quoi! pas un sous-concierge, pas un *alguasil*.... et le prisonnier où serait-il. »

Le colonel chercha, ouvrit deux autres portes, et enfin pénétra dans la dernière où Piédro devait être... Il n'y était pas... Une odeur suave embaumait l'air d'émanations peu ordinaires en lieux pareils; une fenêtre immense, forcée dans la partie inférieure, avait été brisée, et, par cette ouverture, le ou les captifs avaient pu s'évader; ils l'avaient fait, c'était positif, aucun n'était demeuré pour fournir les renseignemens, mais ils ne pouvaient être loin, puisque, naguère encore, un d'entre eux chantait.

Le colonel, très en colère de cet événement, dit peu de chose à la jeune fille et courut donner l'alarme. Anella, charmée de savoir son frère libre, ne doutant pas qu'il ne se hâtât de revenir à Venise où il serait seulement en sûreté, se résolut à y rentrer aussi soudainement. En conséquence, n'ayant plus rien à faire au palais Serbelloni, elle se hâta d'aller retrouver la vieille compatriote qui, la nuit précédente, lui avait donné l'hospitalité.

Dès que celle-ci la vit, elle leva les mains vers le ciel, et, d'une voix aigre :

— « È viva san Marco! s'écria-t-elle, sais-tu, Nella, notre bonne fortune? le divin évangéliste est venu lui-même ouvrir le cachot de ton frère, et en plein jour. »

Après ce début, cette femme conta que Piédro, près de mourir, chantait ce qu'il appelait sa chanson de mort, lorsque saint Marc lui était apparu dans le jardin. Il en avait reçu un levier, avec lequel lui, Piédro, s'était exercé à forcer une fenêtre. Le saint après le conduisit dans le jardin, et, l'ayant fait passer sous une voûte humide, lui avait dit de ne jamais pardonner aux Français.

Piédro, hors de lui, sans savoir ce qui se passait, venait de traverser la ville et de se réfugier d'abord chez la narratrice; là, ayant pris d'autres vêtemens, il en était parti, il y avait moins de dix minutes, avec le fils de l'hôtesse qui s'était chargé de le ramener à Venise par la chaîne des montagnes des Lacs. Piédro avait appris avec joie que sa sœur était venue à son aide; il la conjurait de ne pas revenir vers Napoléon (il ignorait ce qui s'était passé), de ne pas le solliciter davantage, puisque lui, Piédro, n'était plus en son pouvoir;

mais de s'en retourner à Venise sans retarder d'un instant. Ses camarades, venus avec l'ambassade, se chargeraient de ramener Anella.

A mesure que la vieille Vénitienne parlait, la gente zitella se remémorait cette vapeur odoriférante qui l'avait saisie ainsi que son conducteur, à leur entrée dans la prison de Piédro : c'était, pour Nella, le certain témoignage de l'intervention du saint protecteur; elle attribua, en outre, à celui-ci la clémence de Bonaparte; aussi, tombant à genoux, elle pria d'abord avant de prendre à son tour la parole et de raconter des événemens qui confirmèrent sa concitoyenne dans la persuasion que saint Marc n'abandonnerait jamais sa chère république.

# XVI.

## UN ROI TITULAIRE.

> Du rang que j'ai perdu l'auguste majesté
> Même dans le malheur garde sa dignité.
> SAPOR, acte V, scène dernière.
> (*Tragédie inédite reçue aux Français le 18 août 1819.*)

C'était à Véronne, dans un des beaux palais construits avec un goût si exquis par le célèbre Palladio. Une salle véritablement royale par la majesté de la décoration, par la munificence de son ameublement, de ses peintures, renfermait en ce moment une compagnie choisie, mais étrangère de tout point aux mœurs, aux usages, à la société des Véronais. Il y avait là des hommes en habits de cour à la mode française, richement brodés et pailletés; leur chevelure poudrée à frimas était dressée avec une perfection *stupenda* (étonnante); des manchettes, un jabot de fin point d'Angleterre ou de Bruxelles, relevaient le luxe du linge en toile de Hollande; les souliers à boucle avaient des talons rouges.

Certains de ces seigneurs étaient décorés de l'ordre du Saint-Esprit au large cordon bleu ondé clair; de celui de Saint-Louis, remarquable par le rouge éclatant du ruban qui soutient la croix héroïque; enfin certains apportaient encore plus d'orgueil à se parer du cordon vert de l'ordre de Saint-Hubert.

Vers la place où aurait dû être la cheminée, et où l'on rencontrait un vaste brasier en argent massif, un autre personnage était seul assis, habillé d'un frac bleu chargé de deux grosses épaulettes d'or; il portait, par dessous, l'ordre du Saint-Esprit, au cordon duquel était attachée une croix de Saint-Louis. Sur sa poitrine, où brillaient trois plaques rivales, jouait le collier d'or de la Toison espagnole; d'amples hauts de chausses à la suissesse dérobaient la conformation maladive de ce personnage si hautement placé dans l'estime publique; des guêtres de velours, tantôt noires, tantôt violettes, empêchaient aussi qu'on ne vît trop complètement son infirmité; il appuyait ses mains, cachées sous des gants d'Espagne singulièrement parfumés, sur une canne en jonc marin à pomme d'or et garnie d'un cordon de rubis; à son côté, sur un tabouret, reposait son tricorne garni d'une plume blanche.

Là, était le duc de La Vauguyon qui, pour rendre plus exacte sa ressemblance avec S. M. T.-C. le roi Louis XVIII, se dandinait sur ses deux jambes. Il eût bien voulu obtenir la faveur signalée dont jouissait le comte d'Avaray, de se vêtir des mêmes étoffes que le roi, et coupées sur le même modèle. Le comte d'Avaray, homme d'honneur et de grace, tâchait de dissimuler son crédit; il savait que c'était le moyen de le maintenir auprès de son maître. Les ducs de Fleury et de Villequier faisaient là les fonctions de premiers gentilshommes de la chambre; le cardinal de Montmorenci, vénérable par ses vertus, s'y montrait au titre de grand aumônier de France; les barons de Flachelendenn, de la Chapelle, composaient les sommités de cette réunion.

Le roi venait de recevoir une lettre; il la lisait avec une attention extrême. Un profond silence régnait autour de lui... Quel était ce roi qui faisait son carnaval à Vérone; c'était le frère de l'infortuné Louis XVI, l'oncle de l'enfant-roi mort dans les fers; Monsieur, lui-même, comte de Provence, naguère régent pendant la captive minorité de son neveu : maintenant, il trônait à l'écart, caché dans un coin de l'Europe, oublié de ses sujets, mal soutenu de ses frères les monarques; il devait taire en public ses chagrins, dissimuler les affections de son ame.

Venise avait osé lui accorder un asile; c'était beaucoup. Venise se rappelait avec orgueil que le grand roi de Pologne et de France, Henri III, traversant ses États, avait daigné consentir à inscrire son nom sur leur livre d'Or, et par là, en quelque sorte, semblait se confondre avec ses patriciens parmi cette famille de rois si ancienne et si étendue.....

Venise, donc, avait ouvert ses frontières au roi titulaire de France; tandis que ses parens de Parme, de Turin, de Modène, de Florence et de Naples, que le pape même, avaient reculé devant la crainte de déplaire à la révolution sanglante de France, et éludé la demande d'asile de l'infortuné Louis XVIII.

Tranquille à Vérone, il avait prié tous les souverains de l'aider à remonter sur le trône de ses pères; de vaines promesses l'ayant aveuglé, il se flattait d'atteindre à son but, lorsque tout à coup Bonaparte, descendu dans les plaines de la Lombardie, le fit trembler. Il s'attendait, d'un moment à l'autre, à être contraint de fuir devant ce jeune victorieux; il aurait voulu que Venise se ralliât à la coalition marchant en armes contre ces républicains.

Le roi acheva la lettre qu'il lisait, et, relevant la tête;

— « Hé bien, Messieurs, dit-il, aucun de vous ne me demande des nouvelles de Paris ?

— « On recevra avec autant de respect que de reconnaissance ce que le roi voudra bien nous apprendre, dit le duc de Villequiers.

— « Vous saurez donc qu'une fille de bonne lignée va quitter la France pour venir partager mon exil.

— « Une fille!

— « Qui est-elle ?

— « Mademoiselle de Montmorency ?

— « Mademoiselle de Rohan ? dit un autre.

— « Non, Messieurs; puisque vous ne devinez pas, je suis obligé de vous nommer madame Royale. »

A ce nom glorieux et si chéri, un cri solennel s'éleva; on osa, oubliant la sévère étiquette, battre des mains. Quoi! l'on verrait revenir l'ange du malheur, la consolation d'une auguste infortune.... Les assassins de sa famille peuvent-ils consentir à nous la rendre teinte du sang de ses parens ; ne craignent-ils pas que sa présence ne porte les monarques de l'Europe à venger les auteurs de ses jours.

— « Ils voulaient tous l'épouser; le moindre général ou tribun se met sur les rangs. Chaque jour une nouvelle combinaison est présentée, et, dans le but unique de déjouer une usurpation, la jalousie de ces petites gens a décidé que ma nièce serait renvoyée de France.

— « Et sans doute elle rejoindra le roi, dit le duc de Villequiers.

— « Mais non délivrée par les négociations de l'Autriche, elle s'en ira d'abord à Vienne remercier ses parens maternels; puis je présume qu'elle me reviendra, à moins toutefois.... »

La porte du salon s'ouvrit; un valet de chambre, Peyronnet, qui accompagna Monsieur dans sa fuite, vint mystérieusement prévenir le roi que le patricien Moncenigo, gouverneur de Véronne au nom de sa seigneurie, demandait l'honneur d'être admis à rendre ses devoirs à sa majesté ; sa requête polie fut accordée.

Le provéditeur Moncenigo parut; jeune encore, il ajoutait à son *puntillo* par l'ampleur de sa perruque et de sa robe. Marchant lentement, craignant de paraître, il soupçonnait partout la présence d'un espion des trois inquisiteurs d'État; il aurait bien voulu dominer dans la cour rétrécie du roi titulaire de France ; mais la majesté du maître et la superbe légèreté des courtisans y mettaient des obstacles invincibles.

Il avança en saluant obliquement ; il parla presqu'à voix basse, et, dès que sa majesté très-chrétienne eut daigné le questionner sur sa santé, il répondit en homme charmé d'établir la causerie sur le point capital : le voilà prêt à tenir le cercle au courant de la gravité du rhume qui désolait Véronne.

—« Où en êtes-vous, Messieurs, de la guerre? dit négligemment le comte de La Châtre.

— « La guerre, Monsieur, repartit Moncenigo tout épouvanté, mais nous sommes en pleine paix avec nos bons alliés les Autrichiens et les Français.

— « Les Français! allons, vous voulez rire excellence; vous êtes en pleine guerre avec nos rebelles vassaux.

— « Messieurs, hier un traité de paix a été signé entre les deux sœurs de Paris et de Venise.

— « Sans consulter le roi? dit fièrement le marquis d'Avarays.

— « Aussi avais-je mission d'en prévenir Sa Majesté.

— « Quoi, Monsieur, d'un fait accompli!

— « Sire, la prudence!

— « Et les égards?

— « Ah! Sire, Venise est bien à plaindre, et Votre Majesté...

— « Hé bien, Monsieur?

— « Est son meilleur ami avec lequel, à ce titre, on se gêne moins.

— « J'entends; afin, de lui nuire mieux... Quoi, la paix... et des conditions....

— « Je les ignore ; elles seront toujours honorables pour Venise. »

Ici M. Peyronnet rentra, et de nouveau il parla au roi qui, s'adressant au provéditeur :

— « Monsieur, savez-vous ce que me veut le marquis Carlotti, qui était chez moi, il y a deux heures.

— « Je... je... l'ignore.... Sire, balbutia le Vénitien ?

— « Qu'il entre. »

De Carlotti se présenta pâle, abattu, consterné même; le roi le regardant :

— « Qu'avez-vous, marquis? votre famille a-t-elle été frappée de quelque malheur?

— « Non, Sire.

— « Alors pourquoi votre retour prochain?

— « Je... voudrais parler au roi et sur-le-champ.

— « Monsieur, le roi de France accorde des

audiences à qui il lui convient, et quand il lui plaît.

— « Porteur des volontés de la sérénissime république....

— « Je ne m'étonne plus de votre paix avec mes sujets rebelles, dit le roi en se tournant vers Moncenigo, puisque les nobles de terre ferme sont mêlés à vos négociations. Allons, marquis, je vous en félicite, ajoutez cent mille ducats, et l'on vous inscrira sur le livre d'Or, parmi les patriciens monarques. »

Moncenigo aurait préféré être en présence de Satan, qu'exposé à entendre de pareils sarcasmes; il tâchait de bayer aux corneilles; mais le moyen avec un roi qui, à mesure que le nouvel envoyé parlait bas, élevait, lui, sa voix de tonnerre? Il continua, voyant le silence opiniâtre du provéditeur :

— « Achevez, oui, achevez, M. le marquis de Carlotti.

— « Je désirerais que le roi voulût m'entendre sans témoins?

— « Cela est impossible, répondit Louis

XVIII, après un peu de réflexion ; cette chère noblesse a tout perdu, il ne lui reste que ma confiance, je ne la lui enlèverai pas.... Vous pouvez continuer, marquis.

— « Hé bien, Sire, la sérénissime république craignant l'approche des Français, et remplie d'amour à l'encontre de Votre Majesté, vous demande, vous prie, vous conjure de songer à votre sûreté. Véronne vous sera désormais périlleux, et elle pense que le meilleur endroit où vous pouvez vous rendre est l'armée des émigrés.

— «Mais.... quoi.... dit Louis XVIII, vous ai-je bien entendu, marquis de Carlotti? Venise me chasse.... me chasse, vous dis-je.... Elle.... a un roi de France et malheureux.... Honte à jamais à cette ville lâche et ingrate qui n'a des amis que parmi ceux qui la font trembler!.... Elle me renvoie.... me jette à la porte.... Soit, je sortirai ; j'aurais trop d'humiliations à supporter que de solliciter les pantalons, vos maîtres. Excusez-moi, provéditeur Moncenigo, mais, en vérité, l'injure est si atroce, si neuve.... elle place le fils de Louis XIV dans une si abominable position... Sortez, provéditeur. Je ne vous chasse pas, ne le croyez point, ce serait une trop pauvre vengeance; mais allez dire à votre grand conseil qu'en partant, j'exige deux choses : la première, que l'on raye du livre d'Or la maison de Bourbon qui, en daignant s'associer aux vôtres, en avait si prodigieusement augmenté la gloire; la seconde, que l'on me rende l'armure que mon aïeul Henri IV donna en signe d'amitié à cette république aujourd'hui si oublieuse de ce qu'elle nous doit. »

Le marquis Carlotti, confondu de cette ferme réplique, se mit maladroitement à balbutier des excuses; le roi l'interrompit :

— « Allez, Monsieur, dit-il, allez porter mes paroles à vos maîtres, et ne vous chargez pas de les justifier. »

Ceci fut débité avec une majesté si imposante, que le gentilhomme véronais se retira tout consterné; dès qu'il fut parti, le provéditeur Moncenigo l'ayant devancé :

— « Que vous semble, Messieurs, dit le roi, de cette audacieuse mission? Quoi! sans me prévenir d'abord secrètement et par l'intermédiaire d'un haut dignitaire, on se sert d'un simple noble de terre ferme, c'est-à-dire de moins que rien; selon la superbe de ce patriciat orgueilleux, Dieu veut que je boive le calice jusqu'à la lie. »

Le comte de La Châtre demanda où le roi se retirerait.

— « Là où je devrais être, Monsieur, avec mes fidèles émigrés; je prendrai part à leurs fatigues, à leur bravoure, à leur gloire. Il me tarde de les rejoindre : surtout ne prolongeons pas notre séjour dans cette odieuse cité. »

Le roi, de retour dans son cabinet, et ayant devant lui un portrait d'Henri IV, écrivit en ces termes à S. M. l'empereur d'Allemagne :

« MONSIEUR MON FRÈRE,

« Demain, je quitte Véronne; la seigneurie
« de Venise s'est lassée de l'hospitalité qu'elle

« accordait à un roi proscrit; elle cède à la
« peur : ainsi me voilà de nouveau sans asile.
« Votre Majesté m'en accorderait un sans
« doute dans ses États, mais je ne pourrais
« l'accepter; le roi de France doit être avec
« des Français. L'armée du prince de Condé
« est renforcée de braves et de dévoués; je
« vais aller les rejoindre : je veux partager
« leurs fatigues et leur gloire, et j'espère, par
« ma conduite, m'acquérir leur estime et
« leur amour.

« Monsieur mon frère, vous approu-
« verez ma résolution; elle est fondée sur tant
« de causes, que la moindre suffirait pour la
« justifier. Je m'empresse de vous en faire
« part. Je suis, etc., etc. »

Le noble monarque se mit à recommencer sa vie aventureuse. Quittant le territoire vénitien, il secoua la poussière de ses pieds en marque d'indignation, de mépris et de vengeance; les Véronais attachés à cette haute infortune en la voyant sortir de leur ville, se mirent à crier : *Les Dix s'en vont.* Et cette fois, la puissance de la Vénétie périssait à tout jamais. On ne sauve ni un empire ni soi, avec des lâchetés; il faut du génie et de l'énergie, et la conduite des gouvernemens en est toujours de plus en plus dépourvue.

Le roi saluait familièrement les bourgeois et les gentilshommes. « Messieurs, dit-il à ceux-ci, attendez-vous, à disparaître ; soit comme sans-culottes, si Bonaparte vous incorpore à sa république milanaise; soit que, par compensation des Pays-Bas, il fasse de vous des serfs autrichiens. »

# XVII.

## L'ORAGE.

> Il est rare qu'une convulsion de la nature ne précède pas les bouleversemens d'un État.
>
> *Sagesse des Orientaux.*

Le jour baissait ; l'air, coloré de pourpre et de vert étincelant, présentait l'aspect d'un ciel extraordinaire. Du côté des atterrissemens du Pô, des nuages épais et noirs montaient avec lenteur de l'horizon ; leurs bords paraissaient dentelés, découpés bizarrement et garnis d'une frange étincelante d'or pur, éclatant. Du sein de ces vapeurs menaçantes partaient de temps en temps des éclairs livides ou ardens; on y entendait le sourd roulement de la foudre.

Du côté opposé, et là où s'élevaient glorieusement les cimes âpres, abruptes, déchirées des montagnes de la Grèce, de la Dalmatie, des bouches du Cattaro, des Monténégrins, l'atmosphère resplendissait encore de toute la magnifique pompe du soir. Tant de clartés, de lumières ruisselantes contrastaient péniblement avec les teintes rembrunies du couchant, et, au milieu de la céleste voûte et vers le midi, de plus en plus l'espace éthéré se maintenait dans cette chaude nuance de rouge embrasé et de sinople éclatant.

Cette triple division de l'air étonnait. On voyait des oiseaux de mer aux ailes blanches ou grises, les goëlands, les alcyons, étendre leurs vastes ailes, raser la face des flots, pousser de tristes cris et présager ainsi la tempête nocturne; les innombrables pigeons, hôtes hardis du palais, du ciel de la vieille basilique des Procuraties, avaient fait leurs dernières évolutions.

Un bruit étrange gronda sur Venise; tous les yeux de ses habitans, soit qu'on fût en masque, soit en gondole, ou aux fenêtres à ouïr une sérénade, ou sur une place à entendre débiter un sermon, se levèrent vers le ciel pour jouir de ce spectacle effrayant et pour calculer d'où provenait cette rumeur de menaces et d'effroi!.. Un autre sifflement plus aigu eut lieu..... On vit des nuages, du Pô, s'élancer avec une vitesse désespérée et couvrir rapidement les brillantes étoiles, parure éblouissante de l'Orient.

Bientôt les fureurs du vent, les rugissemens de l'Auster, ces tumultes effroyables et sans explication qui surgissent de la région moyenne, les éclats multipliés de la foudre, le déploiement des éclairs, les cris affreux de la tempête, ces hurlemens surhumains que l'on ouït sans les concevoir, et puis des torrens d'eau mêlée de grêle tombèrent impétueusement.

Ce fut un conflit horrible que cette mêlée épouvantable des vents, de la foudre, des éclairs et de l'eau; que ces illuminations terribles succédant à des ténèbres funestes; que ces calmes momentanés précédés ou suivis de coups pressés du tonnerre; ces voix haletantes de l'ouragan. Une grosse vapeur dense, noire, opaque, descendit sur la Piazzetta, et enleva le peu de clarté qui l'éclairait.

— « Oh! s'écrièrent les spectateurs de ce grand drame de la nature, voyez, voyez cet être menaçant, hideux, qui se montre sur la nue?... Le voyez-vous? il tâche de précipiter le lion de Saint-Marc de dessus sa colonne... Tenez, le saint le repousse.. Quel éclat... le tonnerre gronde... le monstre rugit... Ah! ah!.... »

Et tous, instantanément anéantis par le plus épouvantable déchirement de la tempête, par la vue de l'éclair le plus resplendissant, tombèrent sur les dalles des galeries voisines, implorant la miséricorde de Dieu ; car c'était sans doute la dernière nuit de Venise.

Un temps considérable s'écoula depuis que, sur la Piazzetta, on avait vu le combat du démon et du lion divin, jusqu'à celui où les moins effrayés osèrent relever leur tête.

— « Oh ! Gargagna, Gargagna, dit un patricien barnabote que l'âge et l'ignorance abrutissaient, n'as-tu pas vu ce prodige sans pareil ?

— « Eccellenza ! Dieu protége visiblement sa ville chérie ; il vient d'en donner un témoignage non suspect ; tous citadins et nobles avons vu ce gigantesque combat. Voyez, notre beau lion règne encore sur sa colonne, et le méchant esprit est remonté dans le nuage avec sa honte et sa haine.

— « Vive saint Marc ! vive saint Marc ! cria-t-on de tous côtés, bien que les éclairs continuassent de luire, la foudre de gronder, les vents de siffler, et la pluie de se précipiter.

— « O seigneur doge, seigneur Manino,

un miracle! un grand miracle... O doge, à Saint-Marc... à Saint-Marc, Patriciens!... tout Venise à la sainte basilique!... Ainsi hurlait, à l'entour du palais ducal, dans la cour intérieure, dans les galeries, sous les portiques, une multitude fanatisée par le spectacle bizarre qu'elle venait de voir.

Le clergé, charmé de ce fait, de cet enthousiasme poussait à la fête extraordinaire; on voyait les chanoines de Saint-Marc parcourir les groupes, les exciter, aller chez le doge; en ressortir. Enfin, voilà que, du haut des galeries qui s'élèvent au dessus de l'escalier des Géans et où il aboutit, on vit circuler d'abord les seigneurs de la nuit en costume de cérémonie, portant des torches qu'allumait ou qu'éteignait la violence de l'ouragan; après eux venaient les secrétaires, les greffiers des divers conseils ; puis les tribunaux inférieurs, la quarantie criminelle, la quarantie civile[1], les avogadors, le sénat, le conseil

---

[1] Ainsi on nommait, à Venise, les cours criminelles et civiles.

des sages-grands, les procurateurs de Saint-Marc et le conseil des Dix.

Tous ces corps respectables si vénérés avaient revêtu leurs robes noires, rouges, violettes, fourrées ou non, bordées ou non bordées d'or. Ils marchaient d'un pas grave, solennel, chaque patricien suivi, sur le côté, de son monde, de laquais, de sa famille, comme bienveillamment on désigne les domestiques en Italie.

Puis venaient des hommes vêtus de dalmatiques rouges; chacun soutenait un étendard différent, celui de Venise en tête; puis on distinguait le drapeau de Padoue, chargé de sa croix et du chariot des Carrares, les anciens seigneurs de Trévise, de Véronne, de Brescia, des autres cités de terre ferme, et celui de Dalmatie, celui de Corfou, de Xante, de Cephalonie; celui si regretté de Candie; celui si fameux de Chypre; celui de Négrepont, de Morée; et dans le nombre, un, sur lequel se déployait l'aigle impériale, portait cette inscription singulière :

*Sérénissime prince et duc de Venise, Dandolo, seigneur d'un quart et demi de l'empire romain*[1].

Un groupe de camerieri du doge; l'un portait son fauteuil d'ivoire, garni d'une étoffe de pourpre; l'autre, son ombrelle, signe de la puissance souveraine dans l'Orient; un troisième, le coussin sur lequel reposait la couronne de Chypre; puis, celle de Candie suivait; un sénateur tenait en l'air l'épée de la république. En temps de paix, elle dort dans son fourreau; en temps de guerre, elle brille et menace.

Enfin, au milieu de la seigneurie, environné du grand conseil, on voyait le doge lui-même, marchant soutenu sous les bras par deux de ses conseillers; sa longue robe d'étoffe d'or, pareille à la mante impériale des Césars de Constantinople, était soulevée par ses pages et

---

[1] Les Latins ayant conquis Constantinople sur les Grecs, en 1204, le 12 avril, les Vénitiens reçurent tant de belles provinces pour leur part, que le doge put s'intituler, et même s'intitula *seigneur d'un quart et demi de l'empire romain*.

par des patriciens; sa tête était couverte du corno royal.

Une multitude de flambeaux de cire blanche, de torches de poix résinée, éclairaient cette majestueuse procession. Le temps horrible qu'il faisait ne lui permettant pas de se déployer majestueusement sur la place et la placette, elle se dirigea par les portiques, les salles, les corridors intérieurs qui menaient, à couvert, du palais ducal à la noble basilique.

A l'entrée de celle-ci, et sous son vénérable péristyle, le patriarche de Venise, précédé de la croix à deux branches, le premicier de Saint-Marc et le chapitre, se présentèrent pour recevoir la seigneurie. Pour la première fois sans doute, les coups de tonnerre tinrent la place du canon, chargé d'annoncer ces cérémonies.

Ce fut un digne spectacle que le moment où ce prince si brillant par son costume, par la somptuosité de ses alentours, s'avança pour se placer sous le dais. Les bâtons de celui-ci étaient d'or, les pentes, en velours cramoisi, disparaissaient sous les broderies de perles fines, de pierreries et de fils d'or et d'argent; au dessous, sur un velours blanc, un saint-esprit radieux, environné de rayons lumineux, tout encore d'or, d'argent et de diamans, était sous un dôme tout panaché de plumes d'autruches, qui surmontait le dais et achevait son ornement. Seize cordons d'or, garnis de houpes de vermeil, pendaient tout autour; des encensoirs d'or ou d'argent embaumaient l'air. L'orgue se mêlait à cette solennité, et ses sons ravissans élevaient les ames et les rapprochaient de la Divinité.

— « O dona Elpha, que c'est beau ! y a-t-il au monde pompe plus imposante que celle-là ?

— « Que Dieu fasse qu'elle dure ! répondit la sybille moderne. Je ne sais... mon cœur est triste, et cependant il devrait se réjouir du triomphe sans exemple que vient de remporter notre invincible lion.

— « Hé ! mère-grand, dit à son tour le jeune

Eblo, que craignez-vous lorsque la paix va se faire?

— « Mon enfant, cette tempête n'est pas naturelle. J'ai vu, de mes propres yeux vu, des habitans de l'enfer, il y a une demi-heure, environner nos *quattro bei cavalli*, les serrer dans leurs bras immenses, et tenter de les ébranler sur leur base.

— « Et vous avez été le témoin de cette audacieuse tentative?

— « Mes yeux, malgré leur caducité, ont des lumières que tu ne possèdes pas. Dieu m'accorde, en retour de mes longues peines, ce qu'il refuse aux autres mortels... De plus, mon fils, au même instant, une voix formidable est parvenue à moi; le grand saint Marc lui-même s'est mis à pousser des cris lamentables; il m'appelait, moi, sa gardienne, à son secours.

— « Vous, sa gardienne, carissima avola?

— « J'ai cet honneur, cet insigne honneur, que je partage avec le sérénissime doge, et qui doit illustrer ma maison à jamais. »

Eblo, les yeux rayonnans de satisfaction, à la suite d'une confidence pareille, leva, rempli d'allégresse, ses mains.

— « Je savais bien, disait-il, que mon avola était illustre parmi ceux de sa suite; qu'elle marchait immédiatement après le dernier des barnabotes, et en avant du chancelier du sénat.

— « Enfant, répondit en riant la vieille, rajeunie par cet enthousiasme, faut-il avoir autant d'orgueil; en jouirai-je long-temps? voici le point capital... Cependant il conviendrait de maintenir les miens dans le privilége auguste. J'ai le droit, parmi mes descendans directs, de choisir mon remplaçant, celui qui tiendra mon rang lorsque je serai la pâture des vers du tombeau. Ce raggazzo est trop jeune, se disait Elpha secrètement; un bon plat de ravioli aujourd'hui; ayant peu, un fusil damasquiné ou une maîtresse le porteraient à trahir sa religion... O saint Marc, je t'en supplie, présente-moi toi-même ce successeur; ceci que, sans te nuire, tu désirerais voir après moi ton vigilant gardien et ton défenseur. »

Elle achève, se prosterne avec une confiante piété, et demeure dans cette position fatigante, encore pendant toute la durée de la cérémonie religieuse, qu'alongea outre mesure l'homélie du patriarche, et relative au miracle que tout Venise avait pu voir.

La tempête, au lieu de se calmer en retour de tant de supplications ferventes, continuait sans s'amoindrir; les carreaux célestes grondaient, cliquetaient, tombaient, sulfuraient, éclataient avec un fracas insupportable; les éclairs, ou blancs pareils à d'immenses lames d'argent, ou embrasés d'un feu rouge tellement ardent, qu'il en devenait solide, accompagnaient perpétuellement les détonations du tonnerre. Il y avait des momens où les abîmes du ciel semblaient épais, et où la pluie était interrompue; alors, les vents déchaînés, bondissans, impétueux, irréguliers, s'engouffraient ensemble dans les calle étroites, sous les ponts, dans les églises, dans les belvéders, et alors c'était une confusion de cris discordans, de gémissemens sans pareils; là, ou croyait entendre le râle des mourans; ici rugissait le lion, ou le taureau beuglait; ailleurs, l'aquilon, à la fois, hurlait comme le loup, glapissait avec l'hyène, poussait les soupirs déchirans de la chouette, les sifflements des reptiles, ou tonnait en grondant dans la conque éclatante des vieux tritons de l'Adriatique: Puis une nouvelle cataracte de l'air était subitement lâchée, et des rivières, des torrens, des lacs, s'éparpillaient en cascades superposées, suivies, maintenues et si abondantes, qu'on s'étonnait qu'épanchées dans la mer, elles ne la fissent pas envahir victorieusement, ce que, depuis tant de temps, le Lido défend contre elle.

Ce soir, les plaisirs extérieurs furent interrompus; la terreur qu'un tel orage imprimait à ce peuple joyeux glaça son frivole caractère; chacun rentra chez soi pour souper, causer et prier Dieu en famille, avant que d'aller se coucher, ce que trop malheureusement encore vu l'usage vénitien, on avait le grand tort de faire en famille[1].

Précédé d'Eblo Pulpi, porteur d'un fanal de toile, et dont le chapiteau était en tole, donna ou signora Gargagna regagnait sa maison, appuyée sur sa canne d'or si remarquable; elle cheminait d'un pas ferme et délibéré. Déjà elle approchait de la *chiesa San-Grovolo*, que sa demeure limitait presque, lorsqu'un masque sans parapluie, se mettant en travers de son passage, lui cria gaîment :

— « Bourse ou vie, avola !

— « Que Dieu te bénisse, mon cher Paolo Monazone! n'as-tu pas de honte d'attaquer les pauvres gens par une telle nuit, où le plus hardi voleur tremble, prie et s'amende... Mais tu as eu néanmoins bonne idée de battre l'es-

---

(1) Les familles pauvres, celles peu aisées, en Italie, couchent presque pêle-mêle, sans chemise, sans chambres séparées pour le sexe. La même réunit trois ou quatre générations, et la nuit est livrée à l'hymen. Il en résulte que, parfois, l'amour s'initie.

trade; car ce que tu obtiendras de moi vaudra mieux que ce que tu m'aurais enlevé.

— « Je vous ai reconnue de loin, répondit le jeune homme, et je n'ai pas voulu effectuer ma retraite sans vous avoir demandé votre bénédiction.

— « Tu l'auras, et avec elle je veux... Éblo, voici les clés : cours et ouvre; ton oncle me ramènera lentement. »

Le jeune Vénitien partit comme un trait, et, dès qu'il se fut éloigné :

— « Paolo, dit la vieille fée, je veux te donner, dans Venise, un rang où le doge ne te pourrait faire monter ; tu vas devenir, grace à moi, le gardien de Saint-Marc.

— « Moi! avola, moi!

— « Oui, toi; cela t'étonne; tu sais que le grand secret de sa grotte m'est confié. Je peux désigner mon remplaçant; c'est toi que je choisis. Viens, je te donnerai mes instructions.»

Paolo, se retournant :

— « O Venise! dit-il, je serai vengé et le patriciat anéanti !»

Il partit du ciel un tel coup de tonnerre, qu'Elpha et ses deux descendans se crurent anéantis ou du moins aveuglés, tant de temps ils durent passer avant de pouvoir faire sortir de leurs yeux les flots pressés qui les remplissaient de cette lumière si incompréhensiblement éblouissante.

FIN DU TOME PREMIER.

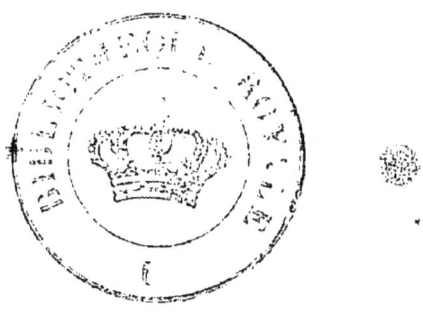

**Ollivier, libraire-éditeur à Paris,**
RUE SAINT-ANDRÉ-DES-ARCS, N° 33.

# JULIE
# NORVICH

PAR

**L'AUTEUR DE TRYVELYAN.**

2 volumes in-8°.

Pour annoncer le succès que doit avoir ce roman, on ne peut mieux faire, ce semble, que de reproduire ici les lignes suivantes ; c'est l'opinion d'un littérateur distingué, d'un grand historien, éloigné maintenant de la France par une haute mission diplomatique. Le public ne peut que ratifier un pareil jugement.

. . . . . . . . . . . . . . . . C'est aussi un moyen puissant d'intérêt que des peintures morales, quand elles retracent non pas des passions émues par telle ou telle situation, par telle ou telle aventure, non pas les diversités habituelles des caractères, dans le cadre ordinaire de la vie commune, mais tout l'ensemble de la société aux prises avec une âme exaltée, avec un esprit original, avec un être distingué. De tels tableaux manifestent pour ainsi dire la maladie morale d'une époque, tel est le charme entraînant attaché à Réné ou à Corinne.

Le roman que nous publions est de cette école. C'était une justice que de le rendre à la France, car il vient d'elle. C'est Corinne évidemment qui a inspiré Julie Norvich ; et l'auteur anglais, en témoignant, dans plusieurs passages de son livre, son enthousiasme pour madame de Staël, s'acquitte d'une dette de reconnaissance. Le théâtre où il a placé sa poétique héroïne est moins élevé et moins idéal. L'enceinte d'un presbytère et les salons d'une société du second ou du troisième ordre ne parlent pas à l'imagination comme l'Italie, les arts, la pompe du climat, et le contraste des diverses mœurs nationales ; mais, dans une sphère plus restreinte, tout est vrai, simple, touchant, et l'on s'étonne peu du grand succés que Julie Norvich a obtenu en Angleterre, car les sentiments y sont purs, élevés et naturels.

Ce roman est donc d'une morale austère et d'une piété vive : tel n'était pas autrefois l'emploi de ce genre de fiction, telle n'était pas la forme de la prédication ; mais il ne faut pas s'offenser de cette concession faite à la mollesse des âmes et à la misère des temps. Le but sanctifie le moyen, et l'on prend quelquefois de plus mauvaises routes pour convertir et pour persuader. Ici, du moins, l'auteur semble profondément sincère; ce n'est pas son imagination seule qui s'est animée des idées religieuses, il n'y a pas cherché uniquement une ressource littéraire, et l'on se plaît à déceler en lui plus de calcul pour faire partager sa conviction que pour faire réussir son roman.

Nous aurions voulu nommer le traducteur qui a reproduit le livre anglais avec tant de charme, de fidélité et de correction; mais tout le monde sans cela doit reconnaître la plume qui a concouru au succès du *Mariage dans le Grand Monde*, et, tout récemment encore, à celui de *Tryvelyan* (1), roman si délicat et si délicieusement naturel.

(1) Deux volumes in-8°. — Chez Ollivier.

*SOUS PRESSE :*

# HISTOIRE

DE

## LA PRÉDICATION EN FRANCE,

PAR

Ch. LABITTE et LOUANDRE.

2 vol. in-8°.

*EN VENTE :*

## SOUVENIRS

# D'UNE AMBASSADE,

1808 A 1811,

Par la DUCHESSE D'ABRANTÈS.

2 vol. in-8°.

# LES DAMES
DE
## La Cour,
MADEMOISELLE DE CHAROLAIS

ET

**LA MARQUISE DE PRIE.**

1722.—1730.

LA PRINCESSE DE LAMBALLE

ET

**MADAME DE POLIGNAC.**

1778.—1793.

4 beaux volumes in-8°. 30 fr.

—

# LA CHAUSSÉE-D'ANTIN,

**PAR AUGUSTE RICARD.**

2 vol. in-8°. 15 fr.

Lagny. Imprimerie d'A. Le Boyer et Comp.

www.ingramcontent.com/pod-product-compliance
Lightning Source LLC
Chambersburg PA
CBHW050544170426
43201CB00011B/1550